유아부터 초등까지
교과 연계 생활 영어를 배우는

그림책 영어일력 365

김혜중
신지은
신선미
김지현
전미선
지음

서사원주니어

영어그림책 영상, 영어회화 연습, 활동자료가 필요하면?
우리 독자만을 위한 단독 선물을 활용하세요.

에픽(EPIC), 북스(Vooks), 링고키즈(Lingokids) 할인권
• 할인기한: 2026. 12. 31까지 • 이용기한: 구입 후 1년

트윙클(Twinkl)
1달 체험권(990원)

그림책 영어일력 365

초판 1쇄 인쇄 2025년 10월 2일
초판 1쇄 발행 2025년 11월 3일

지은이 김혜중, 신지은, 신선미, 김지현, 전미선

대표 장선희 **총괄** 이영철
기획위원 김혜선 **기획편집** 강교리, 조연곤, 최지수
디자인 이승은, 장혜미 **외주디자인** 이창욱
마케팅 김성현, 양아람, 이은진 **경영지원** 전선애

펴낸곳 서사원주니어 **출판등록** 제2023-000199호
주소 서울시 마포구 성암로330 DMC첨단산업센터 713호
전화 02-898-8778 **팩스** 02-6008-1673 **이메일** cr@seosawon.com

홈페이지   **인스타그램**

ⓒ 김혜중, 신지은, 신선미, 김지현, 전미선, 2025

ISBN 979-11-6822-474-2 73740

• 이 책은 저작권법에 따라 보호를 받는 저작물이므로 무단 전재와 무단 복제를 금지합니다.
• 이 책 내용의 전부 또는 일부를 이용하려면 반드시 저작권자와 서사원 주식회사의 서면 동의를 받아야 합니다.
• 잘못된 책은 구입하신 서점에서 바꿔드립니다.   • 책값은 뒤표지에 있습니다.

서사원은 독자 여러분의 책에 관한 아이디어와 원고 투고를 설레는 마음으로 기다리고 있습니다. 책으로 엮기를 원하는 아이디어가 있는 분은 서사원 홈페이지의 '출간 문의'로 원고와 출간 기획서를 보내주세요. 고민을 멈추고 실행해보세요. 꿈이 이루어집니다.
수익금의 일부는 인도네시아 발리의 임마누엘 초등학교(Bali SE Imanuel School)에 후원금으로 쓰입니다.

저자 소개

김혜중 (Instagram @dolce.forte)
서울대학교 아동가족학 박사를 마치고 현재 가천대학교 인문사회융합인재양성사업단 교수로 재직 중입니다. 열 살 터울 나는 아들 셋을 키우다 보니 아주 오랫동안 그림책을 보아 왔어요. 영국, 호주, 뉴질랜드 등에서 오랫동안 생활해 온 덕분에 영어 그림책에 특별한 애정이 있고, 좋은 책을 많이 소개시켜 드리고 싶어 이 책을 집필했습니다. 쓴 책으로는 《하루 한 권 영국 엄마의 그림책 육아》 등이 있습니다.

신지은 (Instagram @jennalish21)
한국외국어대학교 교육대학에서 영어교육 석사를 취득했고, 한국 초등학교에서 10여 년간 영어 그림책과 원서를 활용한 '슬로 리딩' 수업을 이어 왔습니다. 파주 영어마을의 영어 연극 수업과 중국 유치원의 놀이 수업을 통해 다양한 영어교육을 경험했습니다. 현재는 태국에 살고 있으며, 450년 전통의 영국 국제학교인 Rugby School Thailand에서 Pre-Prep 과정의 EAL & SFL 교사로 근무하고 있습니다. 아이들과 그림책을 통해 함께 배우고 성장하고 있어요.

신선미 (Instagram @ellie_booklab)
한양대학교에서 영어교육학 석사 과정을 마친 뒤, 한양대학교 인재개발원 리더십센터에서 인문학 및 교육공학 기반의 수업을 개발해 왔어요. 대학·기업·교육기관에서 영어 교육 프로젝트를 기획·실행하며 언어습득, 교육심리, 인성교육의 핵심 가치를 담아내는 인문학 연구를 이어 가고 있어요. 현재 어린이 영어 원서 기반 슬로 리딩 프로그램 '엘리북랩(Ellie Book Lab)'을 운영하고 있습니다.

김지현 (Instagram @musician_jk)
미국 이민 1.5세대로, 현재 미국 Quinnipiac University와 Western Connecticut State University에 겸임교수로 출강 중이며, 뮤지컬 음악 감독이자 연주자로도 활발히 활동하고 있어요. 아들이 돌이 되기 전부터 함께 스토리타임에 참여하며 영어 그림책의 매력에 빠졌고, 아이가 자라면서는 학교 도서관 자원봉사와 미스터리 리더 활동을 통해 매년 미국 아이들과 다양한 책을 함께 읽고 나누어 왔답니다.

전미선 (Instagram @moms.read)
현재 호주 초등학교에서 보정 학습 프로그램을 진행하며 학생들의 배움을 지원하고 있어요. 한국 공립/사립 초등학교에서 영어를 가르쳤고, 호주 주정부 산하기관에서 통역사로 활동했습니다. 청소년기부터 뉴질랜드와 호주에서 오랫동안 거주하며 다양한 문화와 교육 환경을 경험했어요. 영국, 북미권뿐 아니라 호주의 문화와 자연을 담은 다양한 그림책을 소개할 수 있어 기쁩니다.

어린이 여러분!

안녕하세요?
그림책 영어 일력으로 어린이 친구들을 만나게 되어 진심으로 반가웠어요.
우리 친구들은 영어 어때요? 영어를 좋아하는 친구도 있고, 그렇지 않은 친구도 있을 거예요.

그런데 왜 영어를 공부해야 할까요?
영어를 잘하면 여러분이 나중에 어른이 되어 하고 싶은 일을 하게 될 때, 전 세계 어디서든 더 많은 기회가 생기기 때문이랍니다.
그것은 AI 시대에도 마찬가지예요. 영어를 하지 않아도 AI가 통역해 준다고 생각하면 그것은 큰 오해랍니다. AI 시대이기 때문에 영어를 잘하는 사람일수록 더 많은 기회를 가질 수 있어요.
이 책을 쓴 다섯 명의 선생님들도 모두 각자의 분야에서 영어라는 '도구'를 활용하여 세계를 무대로 활동하고 있답니다.

영어는 단순히 단어를 외우고 문법만 공부해서 되는 것이 아니에요. 영어라는 언어 속에 포함된 이야기, 문화, 사고방식 등까지도 알아야 하거든요.

그래서 이 일력을 만들게 되었어요.
하루 한 권씩 영어 그림책을 보면서 자연스러운 영어 표현을 배우고 토론하다 보면 어느새 영어와 영미권 문화가 친숙해져 있을 거예요!
이 일력은 어린이 여러분들이 '영어도' 잘하는 글로벌 인재로 자랐으면 하는 진심을 담아 만들었답니다.

부모님께!

새로운 외국어를 배우는 것은 새로운 세계를 얻는 것이라고 하지요. 언어를 배운다는 것은 단순히 생각을 언어로 표현하는 걸 넘어 그 언어를 사용하는 문화권의 생활방식, 역사, 문화 등을 두루 배우는 것까지 포함한다고 생각해요.

이 책은 아이들이 매일 영어 그림책을 매개로 영어에 대한 긍정 정서를 갖게 하기 위해 기획하였습니다. 더불어 영미권의 다양한 문화도 자연스럽게 익힐 수 있도록 도움을 주지요.
365권의 그림책은 미국, 영국, 호주, 동남아, 그리고 한국에서 영어 그림책 전문가로 활동하고 계시는 선생님들이 함께 머리를 맞대고 엄선했습니다. 실제 교육 현장에서 사용되는 책들이랍니다. 그림책 소개와 함께 기념일 등이 있는 날은 관련 그림책을 선정하려고 노력했어요. 문화와 역사뿐만 아니라 수학, 과학, 예술, 사회정서 발달 등 실제 영미권 교과과정에서 다루는 내용들을 두루 포함하였습니다.

소개된 그림책을 볼 수 있도록 엄선된 '리드 어라우드(read aloud)' 동영상을 QR 코드로 올려놓았습니다. 동영상을 통해서도 다양한 영미권의 표현을 접해 보세요.
그림책에서 선정된 영어 표현을 하루에 한 문장씩 꾸준히 놀이처럼 익혀 보세요. 그러다 보면 어느새 영어 표현에 익숙해질 것입니다. 자연스럽게 영미권의 문화를 만나고, 하부르타 질문을 통해 생각의 크기도 키울 수 있을 거예요. 부모님과 함께하는 즐거운 시간은 덤이고요!

December
31

We call it New Year's Eve.

우리는 이날을 새해 전날이라고 부른단다.

The Night Before New Year's _ Natasha Wing ★★

새해 전날, 반짝이는 장식과 파티 모자로 밤을 준비한
가족. 카드 놀이와 컵케이크로 즐거운 시간을 보내지요.
온 가족이 자정까지 깨어 있기로 작정했어요.
하지만 아이들은 졸음을 이기지 못하는데요. 과연 이 작은
밤샘 도전자들, 새해를 맞이하는 순간까지 깨어 있을 수 있을까요?

문화
새해

표현 연습
★ **We call it Christmas.** 우리는 그날을 크리스마스라고 불러요.
★ **We call it Halloween.** 우리는 그날을 핼러윈이라고 불러요.

영어 UP
★ **Can we stay up till midnight?**
우리 밤 12시까지 안 자고 있어도 돼요?

하브루타
How do you celebrate New Year's Eve?
새해 전날을 어떻게 보내니?

이렇게 선정했습니다!

① 영미권 도서관 및 유치원·초등학교의 커리큘럼에 따른 연령별·월별 주제 추천 도서
② 미국 칼데콧 수상작, 영국 북트러스트 추천도서, 호주 초등학교, 유치원 학습 프레임워크 연계 도서
③ 영국 유아 학습(Early Years Foundation Stage, EYFS) 및 초등 저학년(Key Stage 1) 실제 수업 시간에 다루는 도서

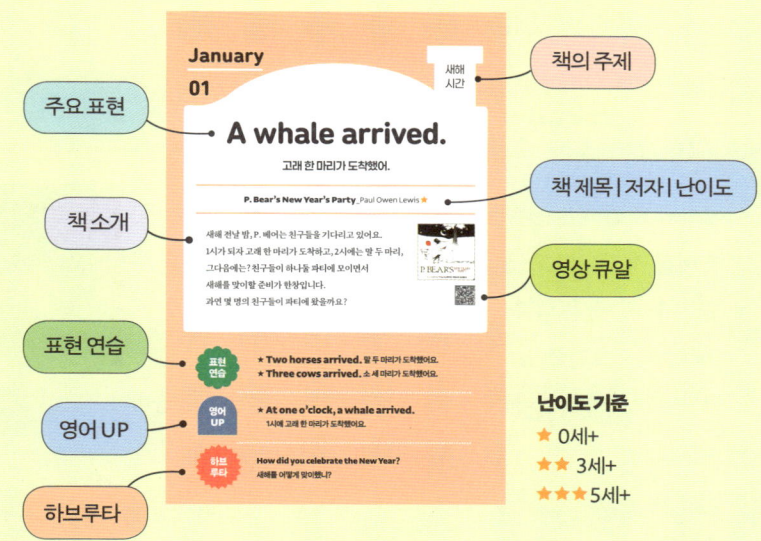

이렇게 활용하세요!

그림책을 함께 읽고 큐알 코드에 연결된 영상을 감상해 보세요. 혹시 보는 환경에 따라 영상이 연결되지 않는다면 따로 찾아보길 권합니다. 주요 표현과 연계된 표현이나 책 속의 다른 표현을 '표현 연습'과 '영어 UP'에서 익히고, '하브루타'에서 책과 관련된 질문과 대답을 영어나 우리말로 나누어 보세요. 난이도가 아이 수준에 맞는지는 중요하지 않습니다. 이 책의 표현을 마음껏 발산하게 도와주세요.

December
30

문화
가족

I will look after you, I promise.

너를 보살펴 준다고 약속할게.

The After Christmas Tree_Bethan Welby ★★

거리에 홀로 나와 앉은 크리스마스트리는 사람들이 더 이상 자신을 보고 웃지 않는 것이 의아했어요. 브라이언도 같은 생각을 했지요. 외로워 보이는 크리스마스트리를 집으로 데려온 브라이언. 하지만 브라이언의 마음과 달리 가족들의 시선은 곱지 않습니다.

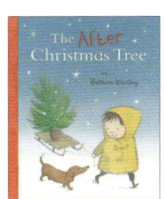

표현 연습

★ **The tree wasn't bare or lonely at all!**
나무는 더 이상 발가벗거나 홀로 있지 않았어요.

영어 UP

★ **Time to take down the Christmas tree.**
크리스마스트리를 치울 때가 되었어요.

하브 루타

What do you do when Christmas is over?
크리스마스가 끝나면 무엇을 할 거니?

차례

1월
새해
New Year

2월
사랑·정서
Love·Emotion

3월
자존감·우정
Self esteem·Friendship

4월
봄·자연
Spring·Nature

5월
가족
Family

6월
이웃·나라
Neighbor·Country

7월
여름·모험
Summer·Adventure

8월
생활·환경
Life·Environment

9월
가을·독서
Fall·Reading

10월
다양성·문화
Diversity·Cultures

11월
추수감사절·나눔
Thanksgiving·Sharing

12월
크리스마스·겨울
Christmas·Winter

December
29

축제
상상력

Bring me presents.
선물을 가져다주세요.

How to Catch Santa _ Alice Walstead & Andy Elkerton ★★

어린이들이 산타에게 어떤 선물을 받고 싶은지 편지를 썼어요. 그래서 산타는 매우 바쁘답니다. 궁금한 것도 많지 않나요? 여행 간 어린이들은 어떻게 찾는지, 가장 좋아하는 장난감은 무엇인지…. 어떻게 하면 산타를 만날 수 있는지 함께 생각해 볼까요?

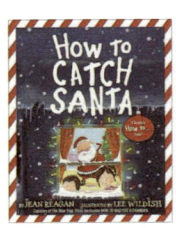

표현 연습
- ★ **Give me presents.** 선물을 주세요.
- ★ **Anything but socks.** 양말 빼고 뭐든지 다.

영어 UP
- ★ **I hope to catch you next year.** 내년에는 꼭 만나길 바라요.
- ★ **I'll catch up with you soon.** 우리 곧 만나.

하브루타
How would you catch Santa?
산타를 어떻게 잡을 수 있겠니?

1월
January

새해
New Year

'새해'는 항상 설렙니다.
1월에는 새로운 한 해의 계획을 세우고
새로 맞이하는 한 해를 다 함께 축하하기도 하지요.

새해 첫 달의 그림책에서는
다른 나라에서는
어떻게 새해를 축하하는지
알아보아요.

새해에 주로 사용하는
영어 표현도 익히고
새해 다짐(New Years' Resolution)을
영어로 세워 보는 것은 어떨까요?

December
28

감사 나눔

The snowman gave his scarf to the little girl.

눈사람은 자신의 목도리를 작은 소녀에게 주었어.

The Giving Snowman_Julia Zheng & Graziella Miligi ★★★

눈사람은 크리스마스에 여러 선물을 줍니다.
눈사람이 어떤 선물을 어떤 의미로 주었을까요?
타인에게 베푸는 것이 우리 모두를 하나로 연결하고
삶을 더 아름답게 해 주는 미덕이라는 것을 배울 수 있습니다.
눈사람이 결국 어떻게 변할지 상상하며 읽어 보세요.

표현 연습

★ **The teacher gave his pen to his students.**
그 선생님은 자신의 펜을 학생들에게 주었어요.

영어 UP

★ **They rebuilt the snowman together.**
그들은 함께 눈사람을 다시 만들었어요.

하브루타

Why did the snowman give things to others?
눈사람은 왜 다른 사람에게 물건을 줬을까요?

January
01

새해
시간

A whale arrived.

고래 한 마리가 도착했어.

P. Bear's New Year's Party _Paul Owen Lewis ★

새해 전날 밤, P. 베어는 친구들을 기다리고 있어요.
1시가 되자 고래 한 마리가 도착하고, 2시에는 말 두 마리,
그다음에는? 친구들이 하나둘 파티에 모이면서
새해를 맞이할 준비가 한창입니다.
과연 몇 명의 친구들이 파티에 왔을까요?

표현 연습
★ **Two horses arrived.** 말 두 마리가 도착했어요.
★ **Three cows arrived.** 소 세 마리가 도착했어요.

영어 UP
★ **At one o'clock, a whale arrived.**
1시에 고래 한 마리가 도착했어요.

하브루타
How did you celebrate the New Year?
새해를 어떻게 맞이했니?

December
27

We traveled through dark forests.

우리는 어두운 숲을 지나갔어.

The Polar Express_Chris Van Allsburg ★★★

계절 나눔

크리스마스이브 늦은 밤, 한 소년이 수수께끼의 기차, 북극행 폴라 익스프레스에 탑승합니다. 기차에서 크리스마스를 믿는 아이들에게 특별한 선물이 주어지고, 이야기가 마무리되면서 진정한 크리스마스란 무엇인지 깨닫게 됩니다.

표현 연습
★ **We traveled through the town.**
우리는 마을을 지나 여행했어요.

영어 UP
★ **Nothing was more magical than that.**
그것보다 더 신비로운 것은 없었어요.

하브루타
What would you ask Santa if you met him on the train?
산타를 열차에서 만난다면 무엇을 물어보고 싶어?

January
02

새해 소원

Happy New Year!

행복한 새해 보내세요!

Happy New Year, Spot! _Eric Hill ★

새해를 맞이할 준비가 되셨나요?
모두가 사랑하는 강아지 스팟이 친구들과 함께 새해를
특별하게 축하해요. 스팟은 새해를 어떻게 기념하고
소원을 나눌까요?
스팟과 함께 즐거운 새해 파티를 만나 보세요!

표현 연습
- ★ **Happy Christmas!** 행복한 성탄 보내세요.
- ★ **Happy Birthday!** 생일 축하해요.

영어 UP
- ★ **I wish to play soccer.** 나는 축구를 하고 싶어요.
- ★ **I wish to go to the beach.** 나는 바닷가에 가고 싶어요.

하브 루타
What is your New Year's wish?
새해 소원이 무엇이니?

December
26

축제 문화

My true love gave to me seven swans.

나의 사랑하는 사람이 백조 일곱 마리를 주었지.

The Twelve Days of Christmas _ Greg Pizzoli ★★

크리스마스가 하루에 다 끝나면 너무 아쉽겠지요.
사실은 12일 동안 이어진다는 걸 아시나요?
12월 25일부터 1월 6일까지가 크리스마스라고 해요.
전통에 따라 매일 선물이 하나씩 더해진답니다.
12일의 크리스마스 동안 어떤 선물을 주는지 알아볼까요?

표현 연습

★ **My true love gave to me twelve drummers.**
나의 사랑하는 사람이 열두 명의 드럼치는 사람을 줬어요.

영어 UP

★ **On the first day of the new year, I made a wish.** 새 해 첫 날, 나는 소원을 빌었어요.

What do you want to give to your true love?
네가 사랑하는 사람에게 무엇을 주고 싶니?

January
03

일상
운율

Come along with me!
나와 함께하자!

Jump into January _Stella Blackstone & Maria Carluccio ★★

일 년 열두 달을 한번에 만나요.
달마다 어울리는 동사와 반복되는 문장을 리듬감 있게
따라 읽어 보세요.
페이지마다 숨은그림찾기가 있어 단어와 표현을
더 자연스럽게 알게 되는 인터랙티브 책입니다.

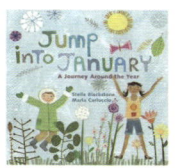

표현 연습
★ **Come along with daddy.**
아빠를 따라오렴.

영어 UP
★ **The local pond is glazed with ice.**
동네 연못에 얼음막이 덮여 있어요.

하브루타
What are some things you like to do in the winter?
겨울에 좋아하는 활동이 뭐야?

December
25

축제 표현

Little bear sniffed.

아기 곰은 킁킁거렸지.

The Sweet Smell of Christmas _Patricia M. Scarry & J. P. Miller ★★★

따스한 크리스마스 분위기가 담긴 책이에요.
어린이들이 크리스마스의 다양한 향기를 경험하면서
각각의 향기가 무엇을 의미하는지 알아 갈 수 있어요.
이 이야기를 모두 읽고 나면, 어떤 크리스마스 향기가
가장 기억에 남게 될까요?

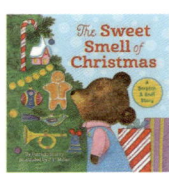

표현 연습

★ **She sniffed the bread.**
그녀는 킁킁거리며 빵 냄새를 맡았어요.

영어 UP

★ **I can smell Christmas.**
크리스마스 냄새가 나요.

하브 루타

What smells remind you of Christmas?
크리스마스 하면 어떤 냄새가 떠오르니?

January
04

Each shape has a match.

각각의 도형마다 짝이 있단다.

All Year Round _ Susan B. Katz & Eiko Ojala ★

각 월마다 어울리는 도형이 있을까요?
동글동글 눈사람이 생각나는 1월은 Circle,
2월은 Heart, 3월은? 4월은?
궁금해서 따라 읽다 보면 어느새 도형 관련 단어들과
각 달의 특징을 나타내는 단어들을 저절로 알게 됩니다.

도형
자연

표현 연습
★ **Find a match.** 짝을 찾아요.
★ **It's a match!** 짝이야!

영어 UP
★ **This is brought to you by springtime showers.** 봄비가 선사한 거야.

하브루타
What is your favorite month in the book and why?
책에서 가장 좋아하는 달이 언제니? 이유는?

December 24

계절 일상

The farmer woke up from his dream.

농부는 꿈에서 깨어났단다.

Dream Snow _Eric Carle ★

작은 농장에 농부 할아버지가 살았어요.
농부 할아버지의 헛간에는 가축 몇 마리가 있어요.
헛간 옆에는 작은 나무가 한 그루 있지요.
하루 일과가 끝나고 집으로 돌아가서 쉬던 어느 날,
온 세상이 눈으로 덮이고 할아버지에게는 어떤 일이 일어날까요?

표현 연습

★ **The boy woke up from his dream.**
소년은 꿈에서 깨어났어요.

영어 UP

★ **They wondered what he was up to now.**
그들은 그가 지금 무엇을 하고 있는지 궁금해했어요.

하브 루타

What are you expecting for Christmas?
크리스마스에 무엇을 기대하니?

January
05

새해 일상

Blossom is here!
블로섬이 왔어!

Happy New Year, Puggie! _J. L. Gee ★★

드디어 새해 전날이에요! 퍼기는 친구 블로섬과 함께 새해를 맞이할 준비를 하고 있어요. 하지만 두 친구는 새해가 시작되는 열두 시까지 깨어 있을 수 있을까요? 과연 특별한 새해의 순간을 함께할 수 있을지 궁금하지 않나요?

표현 연습
- ★ **Mom is here!** 엄마가 왔어요!
- ★ **The puppy is here!** 강아지가 왔어요!

영어 UP
- ★ **It's time to dance!**
  춤출 시간이에요!

하브루타
What fun things can you do to stay awake?
잠을 자지 않고 깨어 있기 위해 어떤 재미있는 일을 할 수 있을까?

December
23

I dressed him up in red and green.

나는 그를 빨간색과 초록색 옷으로 입혔어.

축제
상상력

Snowmen at Christmas_Caralyn Buehner & Mark Buehner ★★★

눈사람들의 크리스마스 파티 이야기입니다.
크리스마스이브, 사람들이 잠든 사이 눈사람들만의
특별한 축제가 펼쳐집니다. 따뜻한 크리스마스 분위기와
아름다운 삽화가 어우러진 환상적인 그림책에서
눈사람들의 마법 같은 크리스마스를 만나 볼까요?

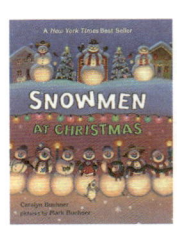

표현 연습
★ **They glide down snowy avenues.**
눈 덮인 길을 미끄러져 내려가요.

영어 UP
★ **It made me start to wonder.**
그걸 보고 나는 궁금해졌어요.

하브루타
If you were a snowman, what would you do at night?
네가 눈사람이라면 밤에 뭘 하고 싶어?

January 06

새해 문화

That's my New Year's resolution.

그건 내 새해 다짐이야.

Squirrel's New Year's Resolution_Pat Miller ★★★

다람쥐는 새해 첫날이 새해 다짐을 세우기에
딱 좋은 날이라는 걸 알고 있어요!
그런데 새해 다짐이란 무엇을 의미할까요?
다람쥐는 숲속 친구들을 만나 새해 다짐에 대해 배웁니다.
과연 다람쥐는 자신만의 특별한 새해 다짐을 찾을 수 있을까요?

표현 연습
★ **What is a resolution?** 새해 다짐이 뭐예요?
★ **Make a resolution?** 새해 다짐을 세운다고요?

영어 UP
★ **I resolve to help someone.**
나는 누군가를 돕기로 결심했어요.

하브 루타
What is your New Year's resolution?
네 새해 다짐은 무엇이니?

December
22

문화
유머

Please don't ask why.

왜 그런지 이유는 묻지 말아 줘.

How the Grinch Stole Christmas!_Dr. Seuss ★★★

그린치는 크리스마스를 싫어해요.
사람들의 축하와 시끄러운 소리가 못마땅했지요.
그러다 좋은 생각이 떠올랐어요. 산타 옷을 입고
크리스마스를 훔치기로 한 거예요! 영미권의 크리스마스
고전으로, 영화로도 세 번이나 제작됐답니다.

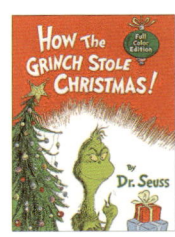

표현 연습

★ **Please don't ask who did it.**
누가 했는지 묻지 마세요.

영어 UP

★ **It's practically here.** 이제 코앞이야.
★ **Christmas is just around the corner.**
크리스마스가 코앞이야.

하브루타

What if Christmas was stolen-how would you feel?
누군가 크리스마스를 훔쳐 갔다면, 어떤 기분일까?

January 07

문화 다양성

Come join us.

와서 우리와 함께하렴.

Shante Keys and the New Year's Peas _Gail Pernas ★★

새해를 맞아 다양한 음식을 준비한 샨테의 할머니!
하지만 검은눈콩을 깜빡하셨지요.
샨테는 이웃들에게 검은눈콩을 빌리러 가고,
집집마다 다른 새해 전통을 만나게 됩니다.

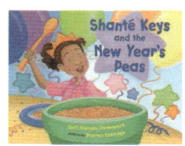

표현 연습
★ **Come help us!** 와서 도와줘요.
★ **Come see us!** 우리 보러 오세요.

영어 UP
★ **Come join us for dinner.** 우리와 저녁식사 함께해요.
★ **Come join us for the game.** 우리와 게임 놀이해요.

하브루타
What food do people in your culture eat for New Year's?
새해에 어떤 음식을 먹는 풍습이 있어?

December 21

자존감 성장

I lagged behind.

난 뒤처졌어.

The Tree That's Meant to Be _Yuval Zommer ★★★

작고 휘어진 볼품없는 트리.
사람들은 크고 멋진 트리만 골라 갔고, 작은 트리는 숲에
홀로 남게 되었어요. "아무도 없나요?" 트리는 자신을
필요로 하는 곳을 찾아 여정을 떠납니다. 지금은 작지만,
누군가에게는 큰 트리가 될 수 있는 아름다운 이야기를 만나 보세요.

 표현 연습
★ **He lagged behind in his studies.**
그는 학업에 뒤처졌어요.

 영어 UP
★ **I became a tree of light.**
나는 빛의 나무가 되었어요.

 하브루타
What is the tree looking for in the story?
이야기에서 나무는 무엇을 찾고 있니?

January
08

자존감
회복력

I can try again.

다시 도전해 볼 수 있어.

I Can Do Hard Things: Mindful Affirmations for Kids _Gabi Garcia & Charity Russell ★★

아이들이 스스로에게 하는 말은 아주 중요해요!
그것이 바로 내면의 목소리가 되고,
스스로의 힘을 믿게 해 주지요. 어려운 상황에서도
내면의 힘과 회복력을 발견하도록 돕는 마음 챙김 책입니다.
과연 이 책이 우리 아이들에게 어떤 용기와 변화를 선물할까요?

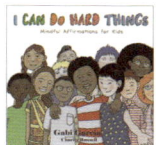

표현 연습
★ **I can jump again.** 나는 다시 뛸 수 있어요.
★ **I can run again.** 나는 다시 달릴 수 있어요.

영어 UP
★ **I'm ready for the hard things I have to do.**
나는 내가 해야 할 어려운 일들을 할 준비가 되어 있어요.

What is something hard you want to learn?
배우고 싶은 어려운 일이 있다면 무엇이니?

December
20

가족
일상

Mog was still on the roof.

모그는 여전히 지붕 위에 있었어.

Mog's Christmas_ Judith Kerr ★★★

깜빡하는 고양이 모그네 식구들은 모두 너무 바빠요.
모그는 도대체 무슨 영문인지 모르겠어요.
잠깐 잠이 들었다가 깬 모그는 이상한 것을 보게 됩니다.
나무가 걸어 다니고 있지 뭐예요!
50년이 넘은 고전 그림책 모그 이야기를 즐겨 보아요.

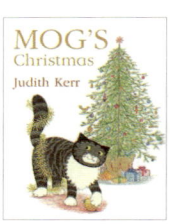

표현 연습
★ **Santa Claus was still on the roof.**
산타클로스가 아직도 지붕 위에 있었어요.

영어 UP
★ **It's Father Christmas!** 산타 할아버지야!
★ **Feel the Christmas Spirit.** 크리스마스 분위기를 느껴 보렴.

하브 루타
Have you ever hidden from something?
무엇인가로부터 도망쳐 본 적이 있니?

January
09

계절 일상

Have you seen any pollen?
꽃가루 봤어?

Down the Road, Little Bee_Sarah Jane Lightfoot ★★

작은 벌을 따라 1월의 활짝 핀 유칼립투스 나무부터 12월의 보랏빛 자카란다 나무까지, 남반구의 계절을 경험해 보세요. 한국과는 반대의 흐름으로 변화하는 호주의 꽃 풍경을 감성적인 색채로 담아낸 그림책입니다. 매달 등장하는 다양한 곤충들도 색다른 재미를 선사해요.

표현연습
- ★ **Have you seen any birds?** 새 봤어요?
- ★ **Have you seen any children?** 아이들 봤어요?

영어 UP
- ★ **Make a left turn, then a right.**
  왼쪽으로 갔다 오른쪽으로 가세요.

하브루타
What is your favorite flower from the picture book?
그림책에 나온 꽃 중에 어떤 꽃이 제일 좋아?

December
19

축제
유머

It's nearly Christmas.

크리스마스가 거의 다가왔어.

Meerkat Christmas _Emily Gravett ★★★

모두가 크리스마스를 준비하느라 바쁩니다.
써니만 빼고요. 써니는 왜 다른 사람들처럼 분주하지
않을까요? 바로 '완벽한' 크리스마스를 준비하기 위한
책을 읽고 있기 때문이지요.
'완벽한' 크리스마스란 과연 무엇일까요?

표현
연습

★ **It's nearly New Year.** 새해가 거의 다가왔어요.
★ **It's nearly my birthday.** 내 생일이 거의 다가왔어요.

영어
UP

★ **This does not look perfect.**
이것은 완벽해 보이지 않아요.

하브
루타

What do you think a perfect Christmas is?
완벽한 크리스마스란 무엇이라고 생각하니?

January 10

계절 / 가족

All of our family are visiting.

가족 모두가 방문해.

Hiku _Nicole Snitselaar ★★

히쿠는 아침 일찍부터 잠을 깨운 엄마가 못마땅합니다. 더 마음에 안 드는 것은 친척 모두가 히쿠네 집으로 온다는 거예요. 친척들이 집에 오면 웃으며 인사하고 맞이해야 하는데, 히쿠는 모든 것이 귀찮습니다. 새해가 되어 가족 방문이 많을 때 여러분은 어떻게 하나요?

표현연습
★ **All of my friends are visiting.**
모든 친구들이 방문해요.

영어 UP
★ **All of my friends are running.**
모든 친구들이 달려요.

하브루타
How do you greet your family and relatives?
가족과 친척들이 방문하면 어떻게 맞이하니?

December 18

우정 축제

Are you looking for a present?

선물을 찾고 있니?

A Christmas for Bear_ Bonny Becker & Kady MacDonald Denton ★★★

어느 서리가 내린 밤, 누군가 곰의 현관문을 두드려요.
"메리 크리스마스!" 쥐가 왔어요. 외롭고 쓸쓸한
크리스마스를 보내던 곰이 다른 친구와 함께
크리스마스를 준비하는 이야기입니다. 이전과는 완전히
다른 방식으로 크리스마스를 보내게 된 곰은 어떤 기분일까요?

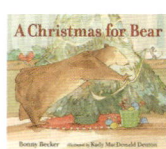

표현 연습
★ **Are you looking for a birthday present?**
생일 선물을 찾고 있나요?

영어 UP
★ **Do we open the present first?**
우리 선물 먼저 열어도 될까요?

하브루타
What do you want to do with friends on Christmas?
크리스마스에 친구들과 무엇을 하고 싶어?

January
11

계절 자연

Float down.

살포시 내려라.

Snow_Uri Shulevitz ★

어느 날, 하늘에서 작은 눈송이 하나가 내려와
한 소년의 마음을 설레게 합니다.
아이는 온 세상이 하얗게 변하기를 바라지만,
어른들은 시큰둥하기만 하네요.
소년의 기대대로, 눈이 과연 많이 내릴까요?

표현 연습
★ **A leaf floats down the river.**
나뭇잎이 강을 따라 두둥실 떠내려가요.

영어 UP
★ **Another takes its place.** 다른 것이 그 자리를 대신해요.
★ **The rooftops are white.** 지붕들이 하얘요.

하브 루타
What sounds did the snow make?
눈은 어떤 소리를 냈니?

December
17

축제
모험

I smell carrots.

당근 냄새가 나는걸.

Christmas Wombat _Jackie French & Bruce Whatley ★★

크리스마스 이브입니다. 웜뱃은 크리스마스가 무엇인지, 나무에 왜 이상한 것들이 매달려 있는지 모르지만 좋아하는 당근 냄새는 잘 알아요. 그런데 낯선 동물들이 당근을 먹고 있네요! 당근을 지키려다 뜻밖의 썰매 여행을 떠나게 된 웜뱃. 과연 크리스마스는 어떤 날일까요?

표현 연습
★ **Off to find more carrots.** 더 많은 당근을 찾으러 가요.
★ **Won the battle.** 싸움에서 이겼어요.

영어 UP
★ **They can be useful for finding carrots.**
그들은 당근을 찾는 데 유용할 수 있어요.

What part of the story was the funniest to you? Why?
이야기 중에서 가장 웃겼던 장면은 어디였어? 왜 그렇지?

January
12

자존감
회복력

Take it slow.

천천히 하렴.

You are a star_Ariella Abolaffio ★★

"너는 반짝반짝 빛나는 별과 같은 존재야."
사랑과 응원의 마음을 간결하면서도 힘 있는 문장에 담은
따뜻한 책입니다. 긍정적인 메시지로
아이가 자신만의 빛을 낼 수 있도록 응원해 주세요.
아이에게 줄 수 있는 최고의 선물입니다.

표현 연습
★ **Take it easy.** 편하게 해요.
★ **Take your time.** 천천히 해도 돼요.

영어 UP
★ **Treat yourself nicely.**
  자기 자신을 잘 대해 주렴.

하브루타
What do you think it means to be a star?
별이 된다는 것이 어떤 뜻일까?

December 16

나눔
우정

Have you seen him?

그를 본 적이 있니?

Elmer's Christmas_David McKee ★★

기다림의 설렘과 나눔의 기쁨이 가득한 따뜻한 크리스마스 이야기입니다. 아기 코끼리들은 크리스마스를 앞두고 신나게 트리를 꾸미고, 도움이 필요한 이들을 위해 선물을 준비해요. 엘머는 올해 친구들을 위한 특별한 깜짝 선물도 준비했대요.

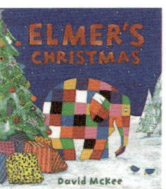

표현 연습
★ **Have you seen her?** 그녀를 본 적 있어요?
★ **Have you seen my dog?** 내 강아지 본 적 있어요?

영어 UP
★ **Straight to bed when you get home.**
집에 가면 바로 자야 해요.

하브루타
What kind of surprise would you give your friends?
너라면 친구들에게 어떤 깜짝 선물을 해 주고 싶어?

January 13

숫자
자연

No one's counting!

아무도 숫자를 세지 않아!

The Very Cold, Freezing, No-Number Day _Ashley Sorenson & David W. Miles ★

너무 추워 꽁꽁 얼어붙은 겨울날,
숫자들이 오들오들 떨면서 걱정하고 있어요.
아무도 숫자들을 세어 주지 않는다고요.
숫자들을 불러 주며 생기를 불어넣어 볼까요?

표현 연습

★ **No one's eating!** 아무도 먹지 않아!
★ **No one's coming!** 아무도 오지 않아!

영어 UP

★ **Everyone's eating!** 모두가 먹고 있어!
★ **Everyone's coming!** 모두가 오고 있어!

하브루타

What would happen if all the numbers disappeared from the world? 이 세상에서 숫자가 사라지면 어떻게 될까?

December
15

기념일 축제

It is enough.

이거면 충분해.

The Christmas Fox _Anik McGrory ★

"가자! 아기가 태어난대!" 동물들이 분주해요.
여우는 마구간으로 향하는 동물들을 따라가지만,
아기에게 줄 선물이 없어 망설입니다.
하지만 당나귀가 따뜻하게 말해요.
"그냥 와. 그것만으로도 충분해."

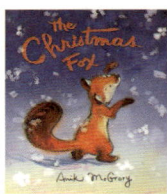

표현 연습
★ **It is enough for today.** 오늘은 이 정도면 충분해요.
★ **It is enough for now.** 지금은 이 정도면 충분해요.

영어 UP
★ **The little fox had no light to shine.**
작은 여우는 비출 빛이 없었어요.

하브루타
If you were the little fox, what would you bring as a gift?
네가 만약 작은 여우라면 무엇을 선물로 가져갔을까?

January
14

숫자
계절

Just one odd mitten.

외톨이 장갑 한 짝.

Missing Mittens_Stuart J. Murphy & G. Brian Karas ★★

추워지는 날씨에 대비하는 빌. 그런데 장갑 한 짝이
없습니다. 동물들이 추울까 봐 장갑을 주려고 하는데,
한 짝씩 계속 짝이 맞지 않아요.
대체 장갑의 맞는 짝들은 어디에 있을까요?
홀수, 짝수의 개념도 알아보는 흥미진진한 책입니다.

표현 연습

★ **There's an odd sock in the drawer.**
   서랍에 양말 한 짝이 남았어.

영어 UP

★ **One mitten's not a pair.** 장갑 한 짝은 한 쌍이 아니야.
★ **She needs an even four.** 그녀는 짝수로 네 개가 필요해.

하브루타

Based on the story, where were the missing pairs?
이야기에 따르면, 잃어버린 장갑은 어디에 있었니?

December
14

문화
축제

Hang ornaments upon your tree.

네 트리에 장식을 달아 보렴.

Pick a Pine Tree _Patricia Toht & Jarvis ★★

크리스마스 시즌, 영미권 전통 중 하나는
트리 농장에서 직접 나무를 고르는 거예요.
나무를 차에 싣고 와 줄기를 다듬어 장식하지요.
이 책에서 미국의 크리스마스트리 문화를 경험해 보세요.
기쁨 넘치는 그림과 리듬감 있는 글이 즐거움을 선사합니다.

표현 연습

★ **Put garlands upon the tree.** 트리에 갈런드를 걸자.
★ **Hang stars upon the tree.** 트리에 별을 걸자.

영어 UP

★ **Trim the trunk a little bit.** 줄기를 조금만 다듬으렴.
★ **Fill with water to the brink.** 가장자리까지 물로 채우렴.

하브루타

Why do you think people decorate trees during Christmas?
왜 사람들이 크리스마스에 나무를 장식할까?

January
15

자연
계절

Now I can sleep.

이제 나는 잘 수 있어.

Snow Wombat _Susannah Chambers & Mark Jackson ★

모험심 가득한 어린 웜뱃이 눈 내린 겨울 풍경을 탐험해요.
오두막 위에 소복이 쌓인 눈, 까마귀 깃털 위에 내린 눈,
웜뱃의 코 위에도 사르르 내려앉은 눈.
하얀 세상을 신나게 헤치며 구경하는데….
눈이 덮이지 않은 포근한 집, 웜뱃의 땅굴이 제일이지요.

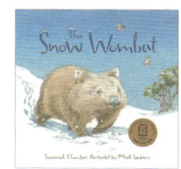

표현 연습

★ **Now I can play.** 이제 나는 놀 수 있어요.
★ **Now I can eat.** 이제 나는 먹을 수 있어요.

영어 UP

★ **It snowed on the mountain peak.**
산봉우리에 눈이 내렸어요.

하브루타

What would you do if you were a wombat in the snow?
네가 만약 웜뱃이라면 눈 속에서 무엇을 하고 싶어?

December
13

You're ready for Christmas.

크리스마스 준비가 되었구나.

나눔
우정

Merry Christmas, Big Hungry Bear! _ Audrey Wood & Don Wood ★★

크리스마스에는 배고픈 곰도 선물을 받을 수 있을까요?
《The Big Hungry Bear》의 사랑스러운 속편으로,
따뜻한 나눔과 우정의 기쁨을 전하는 감동적인
이야기입니다. 소심한 작은 생쥐와 보이지 않는
커다란 곰의 크리스마스 깜짝 선물을 만나 보세요.

표현
연습

★ **You're ready for school.** 학교 갈 준비가 되었네!
★ **You're ready for bed.** 잘 준비가 되었구나!

영어
UP

★ **My goodness! What a lot of presents.**
세상에! 선물이 정말 많구나.

하브
루타

Why did the little mouse give a gift to the bear?
작은 생쥐는 왜 곰에게 선물을 줬을까?

January
16

어휘
유머

Zowie!
우아!

Bunny Slopes_Claudia Rueda ★★

귀여운 토끼가 스키 타는 걸 도와 달라고 합니다.
책을 흔들고, 기울여 토끼가 스키를 탈 수 있게 도와줄까요?
페이지를 넘길 때마다 웃음이 터져 나오는
구성이 재미있어요.
동사 표현을 다양하게 배울 수 있는 책입니다.

표현 연습
★ **Zoom!** (비행기 소리) 휘이!
★ **Gee whiz! Yowza!** (비행기 소리) 슈웅, 휘이!
　　　*z가 들어가면 속도감을 줍니다.

영어 UP
★ **Shake the book.** 책을 흔들어 봐.
★ **Tap the book.** 책을 톡톡 쳐 봐.

하브루타
Can you make a sentence using the word 'tilt'?
tilt라는 단어를 이용해서 문장을 만들어 볼래?
*tilt 말고도 책 속의 다른 동사들을 활용해 보세요.

December 12

가족
배려

You are allergic to the Christmas tree!

넌 크리스마스트리에 알레르기가 있구나!

Maple & Willow's Christmas Tree_Lori Nichols ★★

처음으로, 크리스마스트리로 진짜 나무를 고르게 된 자매.
그런데 나무를 집에 들이자마자 언니가 재채기를 하네요.
알고 보니 언니는 나무에 알레르기가 있었던 거예요.
크리스마스를 망쳤다고 우울해하는 언니를 위해,
귀여운 동생은 어떤 아이디어를 내었을까요?

표현 연습
★ **I am allergic to cats.**
난 고양이에 알레르기가 있어요.

영어 UP
★ **At least we have an outside tree.**
적어도 우리에겐 집 밖의 트리가 있어요.

하브루타
How do Maple and Willow solve their problem?
메이플과 윌로우는 문제를 어떻게 해결하니?

January
17

Something is happening!

무슨 일이 일어나고 있어!

Little Owl's Snow_Divya Srinivasan ★★

작은 올빼미가 처음으로 겨울을 맞이합니다.
겨울이 다가오자 친구들이 저마다 바빠지네요.
동물들이 겨울을 준비하는 모습을
쉽고 귀엽게 표현한 책입니다.

★ **Something is there.**
거기에 무언가가 있어요.

★ **A chill cut through the forest.**
서늘한 바람이 숲속을 가로질렀어요.

Why are the changes happening in the story?
이야기 속에서 왜 변화들이 일어나고 있나요?

December
11

축제 나눔

One of the biscuits was missing.

비스킷 하나가 사라졌어.

Pip and Posy: The Christmas Tree _ Axel Scheffler ★★

핍과 포지가 쿠키를 만들어 예쁘게 크리스마스트리를
꾸몄어요. 그런데 포지가 장식을 찾으러 갔다 올 때마다
트리에 달아 놓았던 과자가 하나씩 사라집니다.
엎친 데 덮친 격으로 갑자기 핍은 배가 아프다며
소파에 누웠어요. 도대체 쿠키는 누가 가져간 걸까요?

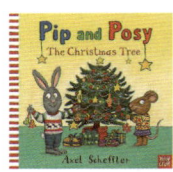

표현연습
★ **One of the puppies was missing.**
강아지 한 마리가 사라졌어요.

영어 UP
★ **Posy noticed that Pip was lying on the sofa.**
포지는 핍이 소파에 누워 있는 것을 발견했어요.

하브루타
What do you want to give your friend for Christmas?
친구에게 크리스마스 선물로 뭘 주고 싶니?

January 18

Over the snow, I glide.

나는 눈 위에서 미끄러져 내려와.

Over and Under the Snow _ Kate Messner & Christopher Silas Neal ★★

계절
동물

눈 위에서 나는 스키를 타요. 그럼 눈 아래에는
무엇이 있을까요? 다람쥐와 토끼, 곰과 황소개구리,
그리고 겨울을 안전하고 따뜻하게 보내는
수많은 동물들의 비밀스러운 세상이 있지요.
눈 아래에 사는 동물들의 비밀스러운 세상으로 들어가 보세요.

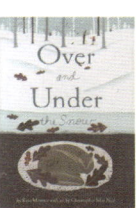

표현
연습

★ **Over the snow, I run.** 눈 위에서 나는 달려요.
★ **Over the snow, I walk.** 눈 위에서 나는 걸어요.

영어
UP

★ **Over the sea, boats are sailing.**
바다 위에서는 배가 항해하고 있어요.

하브
루타

What do you think is under the snow?
눈 아래에는 무엇이 있을까?

December
10

Santa Claus came to town.

산타클로스가 마을에 왔어.

Clifford's Christmas _ Norman Bridwell ★★

가족 축제

에밀리 엘리자베스와 클리퍼드는 크리스마스를 기다리며 눈사람을 만들고, 트리를 꾸미고, 양말 속 깜짝 선물도 발견해요! 귀여운 클리퍼드와 함께 기쁨 가득한 연말 분위기를 느껴보고 싶다면, 이 책과 함께해 보세요! 크리스마스까지 남은 날을 하루하루 지워 가는 것도 좋아요.

표현 연습
★ **My dad came to the library.**
우리 아빠가 도서관에 왔어요.

영어 UP
★ **Christmas is getting closer and closer.**
크리스마스가 점점 가까이 다가오고 있어요.

하브루타
What is your favorite Christmas activity?
네가 가장 좋아하는 크리스마스 활동은 뭐야?

January 19

I'm leaving.
나는 갈게.

Errol_ Zanni Louise & Philip Bunting ★

동물
숫자

아기 펭귄 에롤은 엄마를 기다리게 합니다. 엄마는 셋을 세기 전에 얼른 오라고 하지만, 에롤은 대답하지 않지요. 하나, 둘, 셋…. 그런데 에롤이 보이지 않아요! 에롤은 어디로 간 걸까요?

표현 연습
★ **I'm coming.** 가고 있어.
★ **I'm thinking.** 생각 중이야.

영어 UP
★ **Come this very minute.** 당장 이리 와!
★ **I'm going to count to three.** 셋까지 셀게.

하브 루타
How do you think Errol's mom felt when he was gone?
에롤이 없어졌을 때, 에롤의 엄마는 어떤 기분이었을까?

December 09

유머
운율

She swallowed the bows to tie up the bell.

그녀는 종을 묶기 위해서 끈을 삼켰어.

There Was an Old Lady Who Swallowed a Bell! _Lucille Colandro & Jared Lee ★★

배고픈 할머니가 다시 나타났어요! 이번에는 종을 삼켰대요! 이어서 활, 선물, 자루, 썰매, 그리고 순록까지 삼켜 버립니다! 디저트로 지팡이 사탕을 삼키려는 순간, 어떤 일이 벌어질까요? 운율 넘치는 글과 유쾌한 삽화가 어우러진, 크리스마스에 꼭 맞는 그림책입니다!

표현 연습

★ **I bought the bows to tie up the bell.**
그녀는 종을 묶으려고 끈을 샀어요.

영어 UP

★ **I wish she'd tell.** 그녀가 말해 주면 좋겠어요.
★ **I wish they'd be quiet.** 그들이 조용히 해 주면 좋겠어요.

하브루타

How can you make the bell stop ringing?
벨이 울리는 것을 어떻게 멈출 수 있을까?

January
20

성장
다양성

Mina can't wait.
미나는 기다릴 수 없어.

Tomorrow Is New Year's Day _Aram Kim ★★★

가족과 함께 새해맞이 준비를 하는 이야기입니다.
새로운 시작에 대한 기대감을 모두 함께 느낄 수 있어요.
또한 새해의 의미와 세계 여러 나라의 새해맞이
풍경을 살펴보세요.
아이들의 관심을 다양한 문화로 넓힐 수 있어요.

표현 연습

★ **I can't wait to go to the zoo.**
나는 동물원에 가는 것을 기다릴 수 없어요. (정말 기대돼요.)

영어 UP

★ **We spend time with family.**
우리는 가족과 시간을 보내요.

하브루타

How do people in your family celebrate New Year's Day?
너희 가족은 새해 첫날을 어떻게 축하하니?

December
08

유머
문제해결

What does he look like?

그는 어떻게 생겼니?

The Gruffalo's Child_ Julia Donaldson & Axel Scheffler ★★★

재미있고 사랑스러운 그루팔로 시리즈입니다. 아기 그루팔로는 아빠의 이야기를 믿지 않고, '무시무시한 괴물'이 정말 있는지 확인하러 숲 속을 탐험해요. "잠깐, 저게 뭐지?" 아주 크고 무서운 그림자가 땅에 떨어지는데, 설마 저게 크고 못된 괴물일까요?

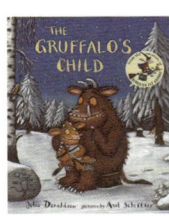

표현 연습

★ **What does the new teacher look like?**
새로운 선생님은 어떻게 생겼나요?

영어 UP

★ **Whose is this trail?**
이 흔적은 누구 것일까요?

하브루타

What would you do if you saw a big animal in the forest?
숲에서 큰 동물을 만나면 넌 어떻게 할 것 같아?

January
21

성장
소원

I wish you more.

나는 네가 더 많은 좋은 일이 있길 바라.

I Wish You More_ Amy Krouse Rosenthal & Tom Lichtenheld ★

사랑, 행복, 용기 같은 좋은 감정을 다양한 상황 속에서 나누는 책입니다. 상대방에게 좋은 일이 있기를 바라는 마음을 표현하고 있지요.
우리가 소망하는 것이 다른 사람에게 어떤 영향을 미칠 수 있을까요?

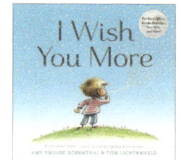

표현연습
★ **I wish you more happiness.**
나는 네가 더 많은 행복을 갖길 바라.

영어 UP
★ **I wish you give more than you take.**
받는 것보다 주는 사람이 되길 바라.

하브루타
What good wishes do you have for your family and friends?
가족과 친구들에게 어떤 좋은 소원을 빌고 싶니?

December
07

계절 유머

Can I drive the sleigh?
내가 썰매를 운전할 수 있을까?

Don't Let the Pigeon Drive the Sleigh! _Mo Willems ★

썰매를 타기에 가장 멋진 계절, 겨울입니다.
이번에는 비둘기가 크리스마스 썰매를 몰고 싶어합니다!
하지만 정말 그럴 수 있을까요? 유머와 깜찍한 일러스트로
가득한 작가 모 윌렘스의 유쾌한 그림책입니다.
과연 비둘기의 크리스마스 소원은 이루어질까요?

표현 연습
★ **Can I open the gift?** 내가 선물 열어 봐도 돼요?
★ **Can I ride the bike?** 내가 자전거 타도 돼요?

영어 UP
★ **Don't let the pigeon drive the sleigh!**
비둘기에게 썰매를 몰게 하지 마!

하브루타
Have you ever wanted to do something others said no to?
다른 사람들이 안 된다고 했지만, 넌 해 보고 싶었던 일이 있어?

January
22

소원
우정

What was your wish?

네 소원이 뭐였어?

Make a Wish Bear _Greg Foley ★★

곰은 반짝이는 별을 보며 소원을 빌고, 그 소원이 이루어지길 기다려요. 지나가던 친구들이 곰에게 소원이 이루어지는 비법을 하나씩 알려 줍니다. 과연 곰의 소원은 무엇이었을까요?

표현 연습

★ **What was your dream?** 네 꿈은 뭐였어?
★ **What was your plan?** 네 계획은 뭐였어?

영어 UP

★ **A little bear made a wish.** 작은 곰은 소원을 빌었어요.
★ **Fox walked up.** 여우가 다가왔어요.

하브루타

Why do you think Bear wanted to make a wish?
곰은 왜 소원을 빌었다고 생각해?

December
06

계절 일상

Here we go!
자, 시작하자!

Biscuit's Snowy Day_Alyssa Satin Capucilli & Pat Schories, Mary O'Keefe Young ★

눈 오는 날, 귀여운 강아지 비스킷과 함께 겨울을 만끽해요.
따뜻한 글과 사랑스러운 일러스트로 겨울의 즐거움과
소중한 순간들을 표현하고 있습니다.
고운 눈 세상에서 눈 천사도 보고, 썰매도 타지요.
겨울 감성 가득한 이야기를 눈을 기다리며 읽어 보세요!

표현 연습
★ **Here we go to the park!** 자, 공원에 간다!
★ **Here we go to the zoo!** 자, 동물원에 간다!

영어 UP
★ **We're going to build a snowman, Biscuit.**
우리는 눈사람을 만들 거야, 비스킷.

하브 루타
What do you like to do on a snowy day?
눈 오는 날엔 뭘 하는 걸 좋아해?

January
23

감정
우정

That would break the spell.

그건 마법을 깨게 될 거야.

Here Comes Jack Frost_Kazuno Kohara ★★

"난 겨울이 싫어!"를 외치는 소년에게 나타난
잭 프로스트! 소년은 그와 친구가 되어
겨울을 즐겁게 지내게 되지만,
마법을 깨는 단어를 말하면 잭은 사라진대요.

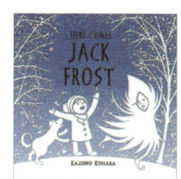

표현 연습

★ **It would be fun to play outside.**
밖에서 노는 게 재미있을 거야.

영어 UP

★ **He ran into the woods.** 그는 숲 속으로 달려 들어갔어요.
★ **It was a snowdrop.** 그건 스노드롭 꽃이었어요.

하브 루타

Do you think the boy likes winter now?
지금은 그 소년이 겨울을 좋아할까?

December
05

Peter put on his snowsuit.

계절 일상

피터는 그의 눈놀이용 외투를 입었어.

The Snowy Day _Ezra Jack Keats ★★

어린 소년 피터는 아침에 일어나 첫눈이 하얗게 덮인
세상을 보고 신이 나서 밖으로 나갑니다.
피터는 눈 속에서 어떤 모험을 하며 하루를 보내게 될까요?
피터의 작은 모험을 조용하지만 재미있고 달콤하게 묘사합니다.
눈 오는 겨울에 행복하게 읽어 보세요.

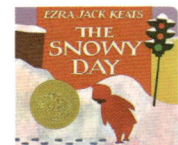

표현 연습

★ **I put on my jacket.** 나는 재킷을 입었어요.
★ **The boy put on his shirt.** 그 소년은 셔츠를 입었어요.

영어 UP

★ **Peter looked out the window.**
   피터는 창문 밖을 바라보았어요.

하브루타

What is the first thing you do when it snows?
너는 눈이 오면 어떤 것을 가장 먼저 하니?

January
24

계절
동물

Snow began to fall.
눈이 내리기 시작했어.

Grug at the Snow _Ted Prior ★

그럭은 눈을 보러 가게 되어 신이 납니다.
직접 만든 스키를 챙겨 눈 덮인 산으로 떠나지요.
산 정상에서 신나게 스키를 타고, 하얀 눈을 맞으며
눈사람도 만들어요. 그런데 눈 위에 찍힌 커다란
발자국을 발견합니다. 이 발자국은 과연 누구의 것일까요?

표현 연습
★ **Snow began to melt.** 눈이 녹기 시작했어요.
★ **Snow began to pile.** 눈이 쌓이기 시작했어요.

영어 UP
★ **He built a snowman.** 그는 눈사람을 만들었어요.
★ **He built an igloo.** 그는 이글루를 만들었어요.

하브루타
Who do you think the big footprints belong to?
큰 발자국은 누구의 것일까?

December
04

계절
일상

It's starting to snow.

눈이 내리기 시작했어.

First Snow _Peter McCarty ★★

눈을 한 번도 본 적이 없는 사촌동생 페드로가 놀러 왔어요.
자신은 추운 걸 싫어하기 때문에, 눈도 분명히 싫을 거라는
페드로. 과연 페드로는 생전 처음 보는
차갑고 요상한 것과 친해지고 즐길 수 있을까요?
처음으로 눈을 본 아이의 천진난만한 동심이 귀여운 이야기입니다.

표현 연습
★ **All by herself** 그녀 혼자서
★ **I did it all by myself!** 나 혼자서 다 했어!

영어 UP
★ **It had snowed all night long.**
  밤새 눈이 내렸어요.

하브 루타
How does Pedro's feeling change throughout the story?
이야기 속에서 페드로의 기분은 어떻게 변하니?

January
25

I'd better take you home.

널 집에 데려다주는 게 좋겠어.

계절
우정

Penguin and Pinecone_Salina Yoon ★★

어느 날 펭귄이 눈밭에서 솔방울을 발견하고,
친구가 되어 소중히 돌보아 줍니다.
하지만 솔방울은 따뜻한 숲에서 자라야 한다는 할아버지의
말씀을 듣고, 숲으로 데려다주지요. 시간이 지나
다시 찾은 숲에서 펭귄은 놀라운 광경을 마주해요.

표현 연습
★ **I'd better take you to the doctor.**
너를 병원에 데려가는 게 좋겠어.

영어 UP
★ **It's too cold here.** 여기 너무 추워요.
★ **It's too hot here.** 여기 너무 더워요.

하브루타
Why did Penguin take Pinecone to a forest?
왜 펭귄은 솔방울을 숲으로 데려갔을까?

December
03

계절 일상

I let out a cheer.
나는 기뻐서 소리를 질렀어.

The Night Before the Snow Day _ Natasha Wing & Amy Wummer ★★

내일 과연 눈이 올까? 눈이 많이 오면 학교도 안 갈 텐데! 나타샤는 잔뜩 기대하며 잠을 청하고, 다음 날이 되자 정말 온 세상이 하얗게 변했어요. 나타샤는 무엇을 하며 하루를 보낼까요? 밤새 내린 눈 때문에 마을이 눈에 갇혀, 눈싸움과 썰매 타기를 꿈꾸는 아이들을 위한 이야기입니다.

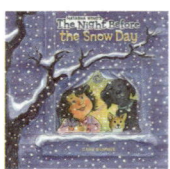

표현 연습

★ **The fans let out a cheer.**
팬들은 환호성을 질렀어요.

영어 UP

★ **What if this is a blizzard?**
만약 이게 폭설이라면요?

What did the girl imagine doing in the snow?
소녀는 눈이 오면 뭘 할 거라 상상했니?

January 26

자연 동물

What do you do to keep warm?

너는 따뜻하게 지내기 위해 어떻게 하니?

Do Frogs Drink Hot Chocolate? _Etta Kaner & John Martz ★★★

동물들은 어떻게 추운 겨울을 날까요?
사람처럼 난로를 켤까요? 따뜻한 핫초콜릿을 마시면서
보낼까요? 동물들이 겨울에 살아가는 법을 쉽게 풀어 낸
논픽션 책입니다.
자연에 대한 지식을 재미있게 만나 보세요.

표현 연습

★ **The fire helps us keep warm.**
불이 우리를 따뜻하게 해 줘요.

영어 UP

★ **Do butterflies sunbathe?**
나비들은 일광욕을 할까요?

하브루타

What do you do to stay warm?
너는 따뜻하게 지내기 위해 어떻게 하니?

December
02

계절 자연

Days get shorter.

낮이 짧아지고 있어.

If Winter Comes, Tell It I'm Not Here _ Simona Ciraolo ★★

여름을 좋아하는 작은 소년이 있어요.
누나가 여름이 곧 끝날 거라고 말하자 아이는 걱정이 됩니다.
가을이 오고, 날씨는 추워지고, 비가 눈으로 변한다니
너무 끔찍해 보이죠! 하지만 시간이 지나면서
소년은 겨울에도 재미있는 일들이 많다는 걸 깨닫게 됩니다.

표현 연습

★ **Days get longer.** 낮 시간이 길어져요.
★ **Days get brighter.** 날이 점점 밝아져요.

영어 UP

★ **We are all stuck on the sofa.**
우리 모두 소파에 꼼짝 못하고 있어요.

하브 루타

Which season do you like and why?
너는 어느 계절을 좋아하고 그 이유는 뭐야?

January 27

계절 모험

Can I have a clue?

힌트 좀 줘.

Let's Play in the Snow_Sam McBratney & Anita Jeram ★★

넛브라운 토끼들이 흰 눈이 덮인 겨울 풍경 속을
깡충깡충 뛰어다니며 찾기 놀이를 하고 있어요.
그곳에서 토끼들은 무엇을 발견했을까요?
큰 넛브라운 토끼는 자신이 가장 좋아하는 것을 찾았다는데
그것은 과연 무엇이었을까요?

표현 연습

★ **Can I have a turn?** 나도 한번 해 봐도 돼요?
★ **Can I have a snack?** 간식 먹어도 돼요?

영어 UP

★ **Big Nutbrown Hare was puzzled.**
  큰 넛브라운 토끼는 어리둥절했어요.

하브 루타

What do you love doing with your mom and dad?
엄마 아빠랑 무엇을 하는 걸 좋아하니?

December
01

계절 자연

Soon it will be cold.
곧 추워질 거야.

Goodbye Autumn, Hello Winter_Kenard Pak ★

가을이 점점 떠나고, 겨울이 오고 있습니다.
낙엽이 떨어지고, 새들은 남쪽으로 날아가고,
동물들이 추위에 떨며 옹기종기 모여들고,
창문에 서리가 맺히는 순간, 모두 겨울이 오고 있음을 느낍니다!
가을 뒤 겨울이 시작되는 자연의 순환을 감성적으로 다룬 책입니다.

표현 연습

★ **It will be sunny tomorrow.** 내일은 맑을 거예요.
★ **It will be done by tomorrow.** 내일까지 끝낼 거예요.

영어 UP

★ **We're ready to fly far, far south.**
우리는 멀리 멀리 남쪽으로 날 준비가 되었어요.

하브 루타

What signs show that autumn is over?
가을이 끝났다는 것을 보여 주는 신호는 무엇일까?

January
28

자연 계절

We rolled three snowballs.

우리는 눈덩이 세 개를 굴렸어.

Snowballs_Lois Ehlert ★★

눈이 펑펑 내리는 날을 기다려요. 눈이 쌓이면
눈을 굴려 눈사람 가족을 만들어 보아요.
다채로운 콜라주 기법으로 표현된 눈사람과
겨울 풍경이 풍부한 상상력을 선사하는 책입니다.

표현 연습
★ **We stacked three snowballs.**
우리는 눈덩이 세 개를 쌓았어요.

영어 UP
★ **We made a snow dad.** 우리는 아빠 눈사람을 만들었어요.
★ **Snow dad's shrinking.** 아빠 눈사람이 줄어들고 있어요.

하브루타
Which snowman in the book do you like the best?
책에 나오는 눈사람 중에 누가 제일 좋아?

12월

December

크리스마스·겨울
Christmas·Winter

날씨는 추워졌지만 소복히 쌓이는 눈은 우리를 행복하게 해 줍니다.
거리의 캐롤과 크리스마스 장식은
한겨울의 빠질 수 없는 흥겨움이지요.

영미권 아이들은 크리스마스를 손꼽아 기다리며
대림절 달력(Advent Calendar)을 만들고,
성탄절까지 하루하루를 기다리며 카운트다운을 합니다.

기독교 전통에 따라 하루씩 성경을 읽기도 하지만,
교회를 다니지 않는 친구들은
하루 한 가지씩 '착한 일 하기(Acts of Kindness)'도 해요.
우리도 대림절 달력을 만들며 크리스마스를 기다려 볼까요?

January
29

겨울 모험

Nobody listens to me.

아무도 내 말을 듣지 않아.

Stick Man_ Julia Donaldson & Axel Scheffler ★★★

스틱맨은 바람에 날려 여러 동물들과 만나고
온갖 어려움을 겪어요.
스틱맨은 과연 다시 집으로 돌아갈 수 있을까요?
그리고 집에 돌아가면 무엇을 할 수 있을까요?

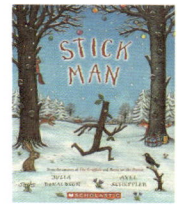

표현 연습

★ **Nobody listens to my jokes.**
아무도 내 농담을 듣지 않아요.

영어 UP

★ **He set the butterflies free.**
그 소년은 나비들을 풀어줬어요.

하브 루타

How would you feel if you were lost like Stick Man?
만약 너도 스틱맨처럼 길을 잃었다면 어떤 기분일까?

November
30

우정 나눔

He sleeps through the night.

그는 밤새도록 잠을 자지.

Bear Snores On_ Karma Wilson & Jane Chapman ★★★

추위를 피해 동물들과 새들이 하나둘 곰의 동굴로 들어와 몸을 녹입니다. 차를 끓이고 옥수수를 튀기며 모두 따뜻한 시간을 보내지만, 곰은 계속 잠만 자고 있죠! 곰이 깨어나 동굴 가득 초대받지 않은 손님들이 파티를 벌이고 있는 걸 알게 되면, 어떤 일이 벌어질까요?

표현 연습
★ **I have had none!** 난 아무 것도 갖지 못했어!
★ **He sighs with delight.** 그가 안도의 한숨을 쉬었어.

영어 UP
★ **They tweet and titter.** 그들은 짹짹거리며 지저귀었어요.
★ **They chat and chitter.** 그들은 수다를 떨며 재잘거렸어요.

하브루타
Do you have any sleeping habits?
너는 어떤 잠버릇이 있니?

January 30

겨울 상상

He was not the same at all!

그는 전혀 다른 모습이었어!

Snowmen at Night _Caralyn Buehner & Mark Buehner ★★★

멋지게 만든 눈사람이 다음 날 아침,
볼품없이 변해 버려 슬픈 적이 있나요?
도대체 왜 그렇게 된 걸까요?
알고 보니 눈사람들끼리 재미있는 시간을 보냈나 봐요.
그러니 이제 눈사람이 녹아도 슬퍼지는 않기로 해요.

표현연습
★ **I don't like math at all!** 나는 수학을 절대 좋아하지 않아요!
★ **I'm not tired at all.** 전혀 안 피곤해.

영어 UP
★ **His hat had slipped.** 그의 모자는 흘러내렸어요.
★ **His arms drooped down.** 그의 팔은 축 처졌어요.

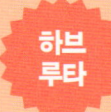

하브루타
What words rhyme in the book?
이 책에서 어떤 단어들이 라임을 이루니?

November
29

자연 나눔

The bear was running late.

곰은 늦었어.

The Very Sleepy Bear_Nick Bland ★★★

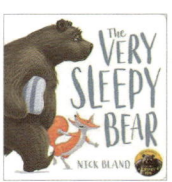

겨울이 되자 곰은 몹시 졸리기 시작했어요.
잠자리에 들 시간이 이미 한참 지났거든요.
곰은 힘겹게 동굴로 돌아와 잠을 자려 했어요.
그때 어디선가 여우가 나타나 더 큰 집을 찾아 주겠다고
하네요. 곰은 포근한 집을 떠나 더 큰 집을 찾으러 가는데….

표현 연습
★ **Josh was running late for his class.**
조시는 수업에 늦었어요.

영어 UP
★ **Wake me up in spring!** 나를 봄에 깨워 줘!
★ **Wake me up at 6 am!** 나를 아침 6시에 깨워 줘!

하브루타
Where do you sleep best?
너는 어디에서 가장 잘 자니?

January
31

모험 / 유머

He pulled on his boots.

그는 부츠를 신었어.

Froggy Gets Dressed _ Jonathan London & Frank Remkiewicz ★★

겨울잠을 자다 깨어난 프로기. 엄마는 더 자라고 하지만,
눈 오는 날 나가서 놀 생각에 엄마 말은 들리지 않지요.
신이 나서 뛰어나간 프로기를 엄마가 부릅니다.
프로기가 뭔가를 잊고 나갔다고 하는데요.
과연 무엇이었을까요?

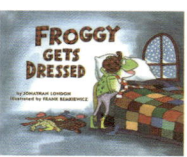

표현 연습
- ★ **I pulled on my coat.** 나는 내 코트를 (쏙) 입었어요.
- ★ **I pulled on my shoes.** 나는 내 신발을 (쏙) 신었어요.

영어 UP
- ★ **She takes off her mittens.** 그녀는 장갑을 벗어요.
- ★ **I forgot my underpants.** 내 속옷을 잊어버렸어요.

하브루타
Why did he want to go outside even though it was cold?
왜 그는 추운데도 밖으로 나가고 싶어 했을까?

November

28

This snow is boring white.

이 눈은 지루한 흰색이야.

나눔 어휘

A Day So Gray_Marie Lamba & Alea Marley ★★★

나눔에 대한 시각을 넓혀 봅니다. 꼭 물질만이 아니라 '긍정적인 시선'도 나눌 수 있답니다.
눈이 와서 온 세상이 회색이라 불만인 친구에게,
추운 계절에 따뜻해 보이는 색을 함께 나눠 보면 어떨까요?
색을 찾아가는 여정에서 다양한 색 표현과 형용사도 배워요.

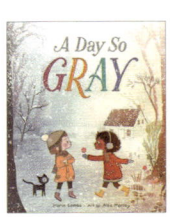

표현 연습
★ **It is twinkling silver.** 이것은 반짝이는 은색이야.
★ **It is glowing yellow-green.** 이것은 빛나는 연두색이야.

영어 UP
★ **It's flashes of red and yellow.**
　빨강과 노랑의 반짝임이야.

What makes you happy when it's a rainy or gray day?
비가 오거나 회색 날에 무엇이 너를 행복하게 하니?

2월

February

사랑·정서
Love·Emotion

2월에는 겨울의 끝을 알리는
'그라운드호그 데이',
사랑을 표현하는
'밸런타인데이'가 있습니다.
밸런타인데이에는 연인뿐 아니라
친구, 가족 등 누구에게나
사랑하는 마음을 표현한답니다.

우리도 밸런타인데이 카드를 만들어
사랑하는 마음을 전해 볼까요?
행복할 때, 화났을 때, 우울할 때 등
내 마음을 건강하게 표현하는 방법도 함께 알아보아요.

November
27

협동
나눔

The best you ever tasted!

네가 지금까지 맛본 것 중 최고!

Pumpkin Soup_Helen Cooper ★★★

사이좋은 세 친구, 오리, 고양이, 다람쥐가 함께 호박 수프를 만들어요. 그런데 그 과정에서 다툼이 일어나지요. 갈등은 점점 더 커지고 마는데, 세 친구는 다시 힘을 모을 수 있을까요? 어떻게 서로의 마음을 알게 될까요? 가을 정취가 느껴지는 유쾌한 그림책입니다.

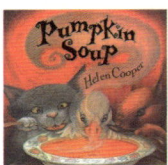

표현 연습

★ **The best you ever saw.**
네가 지금까지 본 것 중 최고.

영어 UP

★ **The cat slices up the pumpkin.** 고양이가 호박을 썬다.
★ **The squirrel stirs in the water.** 다람쥐가 물을 젓는다.

하브루타

What lesson can we learn from this?
우리는 이 이야기를 통해 어떤 교훈을 배울 수 있을까?

February
01

계절 유머

Please come out!
나와 주세요!

Grumpy Groundhog_Maureen Wright & Amanda Haley ★★

북미에서는 매년 2월 2일을 '그라운드호그 데이'라고 부르며 축제를 열어요. 겨울잠에서 깨어난 그라운드호그(마못)가 굴에서 나와 자기 그림자가 보이지 않으면 곧 겨울이 끝난다는 뜻이래요. 반대로 그림자가 보이면 겨울이 6주 더 이어진다고 해요.

표현 연습
★ **Please stay.** 여기 있어 주세요.
★ **Please go out.** 가 주세요.

영어 UP
★ **You're sleeping late.** 늦잠 자고 있군요.
★ **You're coming late.** 늦게 오고 있군요.

하브 루타
Have you seen your shadow?
네 그림자를 본 적 있니?

November 26

사랑
우정

I am too busy to climb trees.

나는 너무 바빠서 나무에 오를 수 없어.

The Giving Tree _ Shel Silverstein ★★★

무조건적인 사랑과 희생을 통해 성장하는 소년과
나무의 우정을 그린 감동적인 이야기입니다.
나누는 기쁨과 사랑의 의미를 함께 생각해 볼 수 있습니다.
50년 넘게 꾸준히 사랑받아 온 셸 실버스타인의
가슴 뭉클한 고전입니다.

표현 연습
★ **The bag is too heavy to carry.**
이 가방은 너무 무거워서 들 수 없어요.

영어 UP
★ **Once there was a tree and she loved a little boy.** 나무가 있었어. 그리고 그 나무는 작은 소년을 사랑했지.

하브루타
How do you feel when you give something to someone?
누군가에게 무언가를 줄 때, 어떤 기분이 들어?

February
02

계절 문화

Just go away.
그냥 나가 줘!

Groundhog's Runaway Shadow_David Biedrzycki ★★

그라운드호그에게는 어디든 따라다니는 그림자가 있었어요. 하지만 그 그림자는 엉뚱한 짓을 하곤 했지요. 창피해진 그는 화를 내며 그림자에게 가 버리라고 말했어요. 그날 밤, 그림자는 홀로 여행을 떠났고, 그라운드호그는 사라진 그림자를 찾아 나섰답니다.

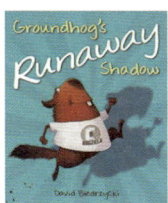

표현 연습

★ **Just leave me!** 날 가만히 놔둬!
★ **Just do it!** 그냥 해!

영어 UP

★ **Jessie is looking for a hat.** 제시는 모자를 찾고 있어요.
★ **Phil is looking for friends.** 필은 친구를 찾고 있어요.

하브루타

Have you ever found something you lost?
잃어 버린 것을 찾은 적이 있니?

November
25

You have to get involved.

네가 꼭 참여해야 해.

문화
축제

Thanksgiving Rules_Laurie Friedman & Teresa Murfin ★★★

미국의 11월 마지막 주 목요일은 추수감사절이에요.
한 해를 돌아보며 감사의 마음을 나누는 날이지요.
많이 웃고, 서로 인사하며, 맛있게 먹는 게 비결!
어린이 눈높이에서 유머러스하게 풀어낸 추수감사절
그림책이에요. 우리의 추석 문화와 견주어 읽어도 좋아요.

표현 연습
★ **Let's get involved and help out.**
우리 참여해서 도와주자.

영어 UP
★ **I get the most out of my holiday!**
나는 명절을 최대한 알차게 보내!

What is Thanksgiving about?
추수감사절은 무엇에 대한 날일까?

February
03

가족
사랑

I love to share.

나는 함께 나누는 것을 좋아해.

I Love You to the Moon and Back _ Amelia Hepworth & Tim Warnes ★★

하루 종일 사랑을 가득 담아 아이에게 전할 수 있다면?
아기 곰과 엄마 곰이 함께 전하는 따뜻한 사랑
이야기입니다. 코를 맞대고, 쫓아다니고,
꼭 껴안아 주지요. 사랑을 표현하는 가장 특별한 방법은
과연 무엇일까요?

표현연습
★ **I love to read.** 나는 책 읽는 걸 좋아해요.
★ **I love to help.** 나는 도와주는 걸 좋아해요.

영어 UP
★ **Our love is always with us, and it never ends.**
우리의 사랑은 언제나 우리와 함께 있고, 절대로 끝나지 않아요.

하브루타
What do you love doing most with your family?
가족과 함께하는 것 중 가장 좋아하는 것은 무엇이니?

November
24

Turkey covers himself with branches.

칠면조는 혼자서 나뭇가지로 자신을 가렸지.

유머
상상력

Run, Turkey, Run! _Diane Mayr & Laura Rader ★★

추수감사절이 하루밖에 남지 않았는데, 터키는 가족 잔치에
쓸 통통한 새를 찾는 농부에게서 숨을 곳을 찾을 수
있을까요? 돼지들 사이에 숨을 수도 있고, 오리들 사이에
숨을 수도 있고, 말들 사이에 숨을 수도 있어요. 달려, 터키, 달려!
칠면조의 필사적인 도망을 그린 유머러스한 이야기입니다.

표현 연습
★ **I wash myself.**
나는 내 스스로 씻어요.

영어 UP
★ **Here comes the farmer.** 농부가 오고 있어!
★ **Is Turkey safe at last?** 터키는 결국 무사한가요?

하브 루타
What can you do to help someone who needs help?
도움이 필요한 사람을 위해 너는 어떤 일을 할 수 있을까?

February
04

사랑
자존감

You are the bee's knees.

너는 정말 최고로 멋져.

LOVE from The Very Hungry Caterpillar_Eric Carle ★★

"너는 너무 소중하고 사랑스러워!" "너는 케이크 위의
체리와 같아. 햇살을 더 밝게 빛나게 하고,
내 마음을 설레게 해." 사랑의 표현이 가득 담긴 책입니다.
에릭 칼의 이 책은 특별한 사람이 세상을 더 밝고
아름답게 만드는 모든 이유를 알려 줍니다.

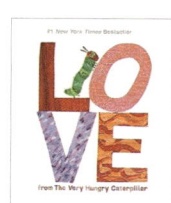

★ **Your cooking is the bee's knees!**
당신의 요리는 정말 훌륭하네요!

★ **You make the sun shine brighter.**
넌 태양을 더 밝게 빛나게 해.

What do you think is special about you?
무엇이 너를 특별하게 만든다고 생각하니?

November
23

유머
상상력

Turkey was in trouble.

터키는 곤경에 처했단다.

Turkey Trouble_Wendi Silvano & Lee Harper ★★★

추수감사절이 다가오자, 대표 요리 재료인 칠면조는
큰 위기를 느낍니다. 그래서 농장의 다른 동물들로
변장하기 시작하지요. 칠면조처럼 보이지 않으면
괜찮을까요? 과연 추수감사절을 무사히 넘겼을까요?
재치 있는 발상이 돋보이는 대표적인 추수감사절 그림책입니다.

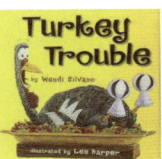

표현 연습

★ **I'm in trouble.** 나 큰일 났어.
★ **Don't get in trouble.** 문제 생기게 하지 마세요.

영어 UP

★ **Stop horsing around.** 장난 그만해요.
★ **How'd you know it was me?** 어떻게 나란 걸 알았어요?

하브 루타

Why does Turkey want to hide?
칠면조는 왜 숨으려고 할까?

February
05

사랑
배려

What is love?
사랑이 뭘까?

What Is Love, Biscuit?_Alyssa Satin Capucilli & Pat Schories ★★

비스킷은 행운의 작은 강아지예요. 뼈다귀, 침대, 그리고 친구를 사랑하지요. 작은 소녀는 비스킷에게 사랑은 나누고 돕고 배우는 것이라고 가르쳐 줍니다. 물론 비스킷처럼 귀여운 강아지와 함께하는 것 자체가 사랑이지요. 우정, 가족, 따뜻한 마음, 진정한 사랑은 무엇일까요?

표현 연습
★ **What is this/that?** 이건/저건 뭐야?
★ **What is your name?** 너의 이름은 뭐니?

영어 UP
★ **He eats a love biscuit for energy.**
그는 힘을 내기 위해 사랑 비스킷을 먹어요.

하브 루타
Where do you think love can be found?
너는 사랑을 어디에서 찾을 수 있다고 생각하니?

November 22

유머
상상력

It is perfect for Thanksgiving day.

그것은 추수감사절에 아주 잘 어울려.

How to Catch a Turkey_ Adam Wallace & Andy Elkerton ★★

학교 연극을 앞두고 칠면조가 도망쳤어요!
아이들은 교실과 복도를 뒤집어 놓으며 쫓아갑니다.
과연 칠면조를 잡을 수 있을까요?
마지막에는 다치거나 먹히지 않는 반전이 기다려요.
엉뚱하고 유쾌한 이야기가 웃음을 선사합니다.

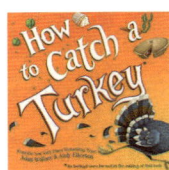

표현 연습

★ **This jacket is perfect for a cold day.**
이 재킷은 추운 날에 딱 맞아요.

영어 UP

★ **I ran into a curtain.**
나는 커튼에 부딪혔어요.

하브 루타

Why is it better to solve problems together?
함께 문제를 해결하는 게 왜 더 좋을까?

February
06

감정
문제해결

Let's talk about it.

그것에 대해 이야기해 보자.

The Rabbit Listened _Cori Doerrfeld ⭐

슬플 때, 누군가 해 주는 말이 오히려 부담스러울 때가 있지요. 닭은 이야기하라고 하고, 곰은 화를 내라고 하지만, 테일러는 그 어떤 것도 마음에 와 닿지 않습니다.
그런데 조용히 곁에 앉아 주는 토끼.
과연 토끼는 테일러에게 어떤 위로를 전했을까요?

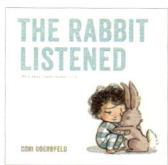

표현 연습

★ **Let's talk about friends.** 친구에 대해 이야기해 보자.
★ **Let's talk about food.** 음식에 대해 이야기해 보자.

영어 UP

★ **But Taylor didn't feel like talking.**
하지만 테일러는 말하고 싶은 기분이 아니었어요.

하브루타

Why is it important to listen to your heart?
네 마음의 소리에 왜 귀를 기울여야 할까?

November
21

There was an old lady.

한 할머니가 있었어.

유머
상상력

There Was an Old Lady Who Swallowed a Turkey! _Lucille Colandro & Jared Lee

칠면조를 삼키는 할머니가 있다니요.
이 분은 항상 엉뚱한 짓을 하곤 했지요.
이 할머니가 칠면조, 공, 모자, 풍선, 배, 바퀴를 왜 삼켰는지
읽어 보세요. 이 할머니는 도대체 왜 그러는 걸까요?
닥치는 대로 삼킨 할머니에게는 무슨 일이 벌어질까요?

표현연습

★ **There was a boy who ran fast.**
빠르게 달리는 남자아이가 있었어요.

영어 UP

★ **I don't know why.** 나도 왜인지는 몰라요.
★ **Perhaps to catch the turkey!** 어쩌면 칠면조를 잡으려고!

하브루타

What do you think the old lady swallowed next?
그 할머니가 또 뭘 삼켰을까?

February
07

감정 표현

What if I feel happy?
내가 행복을 느끼면 어떨까?

What if I know my feelings? _ Michelle Nelson-Schmidt ★

내 감정이 어떤지 알 수 있다면 어떨까요?
다양한 감정을 나타내는 단어들을 배우며
내 감정에도 집중해 보세요.
여러 가지 다른 감정을 느낄 때 귀여운 몬스터들은
어떤 행동을 하는지 함께 볼까요?

표현 연습
★ **What if I feel angry?** 내가 화가 나면 어쩌지?
★ **What if I feel shy?** 내가 부끄러우면 어떡하지?

영어 UP
★ **I can smile at others.** 다른 이들에게 웃어 줄 수 있어.
★ **I can wave hello.** 안녕 하며 손을 흔들 수 있어.

하브루타
Can you use 'what if' to create a new feeling that is not in the book? What if를 사용해서 책에 없는 감정을 만들어 볼까?

November
20

알파벳 문화

T is for turkey.

T는 칠면조(Turkey)의 T를 말하지.

T Is for Turkey: A True Thanksgiving Story _Tanya Lee Stone & Gerald Kelley ★★

추수감사절의 역사와 감사를 배우며,
동시에 알파벳 학습까지 할 수 있는 책입니다.
리듬 넘치는 글과 따뜻한 삽화가 돋보이는
추수감사절 그림책을 만나 볼까요?
알파벳을 따라가며 말놀이하는 재미가 있습니다.

표현 연습

★ **A is for Apple.** A는 사과(Apple)의 A예요.
★ **B is for Ball.** B는 공(Ball)의 B예요.

영어 UP

★ **Today it's a favorite Thanksgiving tradition!**
오늘날 이것은 가장 인기 있는 추수감사절 전통이에요!

하브루타

Which Thanksgiving word did you like the most? Why?
추수감사절 단어 중 가장 마음에 드는 단어는 무엇이었니? 왜 그러니?

February
08

유머
감정

Ice cream isn't scary.

아이스크림은 무섭지 않아.

The Unscary Book _Nick Bland ★★

니콜라스 이클은 무서운 책을 만들고 싶어 해요. 하지만 페이지를 펼칠 때마다 귀엽고 행복한 것들이 계속 나오지요. 놀라게 하려는 그의 시도는 번번이 빗나갑니다. 과연 원하는 대로 무서운 책을 완성할 수 있을까요? 재치와 유머로 가득한 그림책입니다.

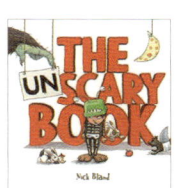

표현연습
★ **Ice cream isn't hot.** 아이스크림은 뜨겁지 않아요.
★ **Ice cream isn't salty.** 아이스크림은 짜지 않아요.

영어 UP
★ **I'm trying to scare people.**
나는 사람들을 놀라게 해 주고 싶어.

하브루타
What would you like to see in "The Scary Book"?
무서운 책에 어떤 것이 들어갔으면 좋겠어?

November
19

용기
문화

I am thankful for my family.

나는 내 가족들에게 감사해.

Pete the Cat: The First Thanksgiving _ James Dean & Kimberly Dean ★★★

학교의 추수감사절 연극에 출연하게 된 피트! 책 속의 숨겨진 플랩을 열어 보며, 피트와 함께 추수감사절의 유래를 재미있게 배워 볼까요?
용기, 역사, 그리고 감사의 마음을 배울 수 있는 특별한 추수감사절 그림책입니다. 우리의 추석과 비교하며 읽어 보세요.

표현 연습
★ **I am thankful for my friends.**
나는 내 친구들에게 감사해요.

영어 UP
★ **Pete was a Pilgrim on the Mayflower.**
피트는 메이플라워호에 탄 청교도였어요.

하브루타
Which role would you like in a Thanksgiving play?
네가 추수감사절 연극에 나온다면, 어떤 역할을 하고 싶니?

February
09

감정
배려

I am very good at hugging.

난 잘 안아 주는걸.

Hug Machine _ Scott Campbell ★★

허그 머신은 매일 사람들을 포옹해 주면서
사랑과 위로를 전하는 소년이에요. 소년이 진정으로
전하고 싶은 메시지는 무엇일까요?
포옹이 가져오는 마법 같은 효과는 과연 무엇일까요?
따뜻하고, 애정어린 삶의 방식을 제안합니다.

표현 연습
★ **I am very good at drawing.**
나는 그림을 아주 잘 그려요.

영어 UP
★ **I am always ready for hugging.**
나는 언제나 안아 줄 준비가 돼 있어요.

하브루타
If you were a hug machine, who would you hug?
네가 안아 주는 기계가 된다면, 누구를 안아 주겠니?

November
18

We won't stop digging.

땅 파는 것을 멈추지 않을 거야.

Sam and Dave Dig a Hole _Mac Barnett & Jon Klassen ★★

샘과 데이브는 구덩이를 파요. 뭔가 대단한 것을 찾기 위해 모험을 하고 있어요. 그런데 땅을 파도 아무 것도 나오지 않아요. 도대체 왜 그런 것일까요? 섬세한 어린이 독자라면 이 재치 넘치는 이야기에서 예상치 못한 특별한 보물을 발견하게 될 것입니다.

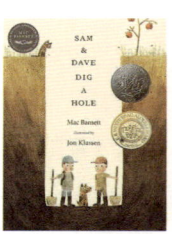

표현 연습
★ **We won't stop going.** 계속 가는 것을 멈추지 않을 거야.
★ **He won't stop talking.** 그는 말하는 것을 멈추지 않을 거야.

영어 UP
★ **We need to keep going.** 우리는 계속해야 해.
★ **We need to keep quiet.** 우리는 조용히 해야 해.

Have you ever tried something, but it didn't work out?
열심히 노력했지만 아무 것도 이루지 못한 적이 있니?

도전 모험

February
10

감정
문제해결

Sophie feels better now.
소피는 기분이 나아졌어.

When Sophie Gets Angry-Really, Really Angry_Molly Bang ★★

소피는 고릴라 장난감을 가지고 놀고 있었어요.
그런데 동생이 자기 차례라며 가져가 버렸지요.
정말, 정말 화가 난 소피는 어떻게 했을까요?
글이 군더더기 없이 차분하게 상황을 서술한다면,
그림은 소피의 감정을 있는 대로 드러내면서 요동칩니다.

표현 연습
★ **Sophie feels worse.** 소피는 더 기분이 안 좋아요.
★ **Sophie feels sad.** 소피는 슬퍼요.

영어 UP
★ **Her sister grabbed Gorilla.**
   여동생이 고릴라를 움켜잡았어요.

하브루타
What makes you feel better when you are angry?
화났을 때 어떻게 하면 기분이 나아져?

November 17

나눔 사랑

She knit a sweater.

그녀는 스웨터를 떠 주었지.

Extra Yarn_ Mac Barnett & Jon Klassen ★★★

어느 날 애너벨은 색색의 털실로 가득한 상자를 발견했어요. 그걸로 스웨터를 떠 이웃에게 나눠 주었지요. 하지만 털실은 줄지 않았어요. 마법 상자를 탐낸 사람이 훔쳐서 열어 봤더니 상자는 텅 비어 있었답니다. 진정한 마법은 애너벨의 '나누는 마음'이었던 거예요.

표현 연습

★ **She likes to knit sweaters.**
그녀는 스웨터 뜨는 것을 좋아해요.

영어 UP

★ **There was still extra yarn.**
아직도 실이 남아 있었어요.

하브루타

Why did the Archduke want the yarn so badly?
대공은 왜 실을 갖고 싶어 했을까?

February
11

가족
사랑

We are still connected.

우리는 여전히 연결되어 있어.

The Invisible String _Patrice Karst & Joanne Lew-Vriethoff ★★

두 남매는 엄마에게 보이지 않는 실에 대해 들어요.
보이지 않는 실은 멀리 떨어져 있어도 서로의 마음을
이어 주는 마법 같은 존재라고요.
가족, 친구, 사랑하는 사람들 간의 사랑과
연결의 힘에 대해 느낄 수 있는 이야기랍니다.

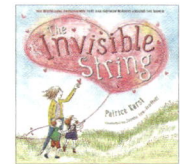

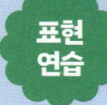 **표현 연습**
★ **We are still friends.**
우리는 여전히 친구예요.

 영어 UP
★ **We are all connected by an invisible string.**
우리는 모두 보이지 않는 끈으로 이어져 있어.

 **하브루타**
If you had an invisible string, who would it tie you to?
만약 보이지 않는 실이 있다면, 누구와 연결되고 싶어?

November
16

Not everyone understood.

모두가 이해하지는 못했어.

다양성
성장

Big _Vashti Harrison ★★

사람들의 꿈과 목표는 어떤 문화적 배경에서 자라난
경우에도 똑같이 중요합니다. 주인공은 어떤 방식으로
성장하고, 우리에게 어떤 교훈을 남길까요?
주인공이 자신을 찾아가는 여정을 따라가며,
상처와 치유를 동시에 주는 말의 힘을 느껴 보세요.

표현 연습
★ **Not everything was easy.**
모든 것이 쉬운 건 아니었어요.

영어 UP
★ **I am going to be a rose.**
나는 장미가 될 거예요.

하브루타
What was the happiest moment for her in the story?
이야기 속에서 소녀가 가장 행복했던 순간은 언제였을까?

February
12

I'm frustrated because I can't do it!

할 수 없어서 속상해!

감정 표현

The Way I Feel_ Janan Cain ★★

감정을 표현하는 방법을 알려 주는 책입니다.
행복, 슬픔뿐 아니라 실망, 부끄러움, 질투, 짜증 등
다양한 감정을 배우지요. 감정의 느낌을 다채로운
그림과 운율감 있는 시로 표현하고 있어요.
나는 어떤 감정을 느끼는지 이야기해 볼까요?

 **표현 연습**
★ **Don't feel frustrated. Try again!**
답답해하지 말고 다시 해 보렴!

 영어 UP
★ **I'm shaking because I'm scared.**
난 무서워서 떨고 있어요.

 **하브 루타**
Which feeling do you remember the most? Why?
가장 기억에 남는 감정은 무엇이었니? 왜?

November
15

She will be surprised!

그녀는 깜짝 놀랄 거야!

나눔
이웃

Handa's Surprise_Eileen Browne ★★

한다는 이웃 마을에 사는 친구 아케요에게 맛있는
과일을 가져다주기로 해요. 일곱 가지 과일을 바구니에
담아 머리에 이고 길을 나서지요.
하지만 동물들이 바구니에서 몰래 과일을 하나씩 가져가요.
한다의 바구니에 친구에게 줄 과일이 남아 있을까요?

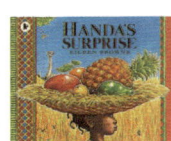

표현 연습
★ **She will be excited.** 그녀는 신날 거예요.
★ **She will be happy.** 그녀는 행복할 거예요.

영어 UP
★ **Which fruit will Akeyo like best?**
아키요는 어느 과일을 제일 좋아할까요?

하브루타
Why was it a surprise for Handa at the end of the story?
이야기 마지막에 한다가 왜 놀랐을까?

February 13

사랑
동물

Baby hippo stopped!
아기 하마는 멈췄어!

Kiss, Kiss! _Margaret Wild & Bridget Strevens-Marzo ★★

아기 하마는 놀기에 정신이 팔려 엄마에게 뽀뽀하는 걸 깜빡 잊고 말았어요. 정글을 돌아다니며 동물 친구들이 엄마와 다정하게 뽀뽀하는 모습을 본 아기 하마는, 자신이 빠뜨린 무언가를 떠올리게 되었지요. 그제야 소중한 것을 깨달은 아기 하마는 서둘러 엄마에게 달려갔어요.

표현 연습
★ **Baby hippo beamed.** 아기 하마가 환하게 웃었어요.
★ **Baby hippo smiled.** 아기 하마가 미소를 지었어요.

영어 UP
★ **He forgot to give his mom a kiss.**
그는 엄마에게 뽀뽀하는 걸 잊었어요.

하브 루타
How do you show love to your mom and dad?
엄마 아빠에게 어떻게 사랑을 표현하니?

November
14

우정 성장

He was greedy.
그는 욕심쟁이였어.

Pig the Pug _ Aaron Blabey ★★

피그는 욕심 많고 이기적인 퍼그 강아지예요.
트레버가 장난감을 함께 가지고 놀자고 하자
피그는 화를 내며 혼자 독차지하죠.
하지만 뜻밖의 일이 벌어지고 마는데….
피그는 자신의 행동을 돌아보고 달라질 수 있을까요?

표현 연습
★ **He was selfish.** 그는 이기적이었어요.
★ **He was angry.** 그는 화가 났어요.

영어 UP
★ **I'll never do that.** 나는 절대 그렇게 하지 않을 거예요.
★ **Pig shares his toys now.** 피그는 이제 장난감을 함께 써요.

하브루타
What would you say to Pig if you were his friend?
네가 피그의 친구였다면 뭐라고 말해 주고 싶어?

February

14

우정 사랑

He loves the cat because it's so strong.

고양이는 힘이 세니까 그는 고양이를 사랑해.

Happy Valentine's Day, Mouse! _Laura Numeroff & Felicia Bond ★

밸런타인데이를 앞두고 생쥐는 사랑하는 친구들을
떠올리며 카드를 준비했어요.
그런데 벨이 울리네요? 누가 온 것일까요?
사랑하는 마음을 서로 먼저 표현하기 바쁜 생쥐와
친구들처럼 우리도 사랑하는 사람에게 카드를 써 보아요.

표현 연습

★ **He loves his cat because it's so cute.**
고양이가 귀여워서 그는 고양이를 사랑해요.

영어 UP

★ **Mouse can't wait for his birthday.**
생쥐는 생일을 기다릴 수가 없었어요.

하브루타

Why do you love (friend's name)?
~가 좋은 이유가 뭐니?

November
13

우정 나눔

Let's eat it.
우리 그거 먹자.

The Last Peach _Gus Gordon ★★

어느 멋진 여름날 벌레 두 마리가 탐스러운 복숭아를 발견했어요. 이번 계절 마지막 남은 복숭아를 먹어 버려도 될까요? 둘이 나눠 먹어야 할까요?
두 벌레는 고민에 빠졌어요. 과연 이들의 선택은 무엇일까요? 마지막 페이지의 반전이 재미있습니다.

표현 연습
★ **Let's eat this.** 우리 이거 먹자.
★ **Let's eat lunch.** 우리 점심 먹자.

영어 UP
★ **That is a fine peach.**
  저것은 훌륭한 복숭아야.

하브루타
What would you do if you saw the last peach?
만약 너라면 마지막 복숭아를 보고 어떻게 할 거야?

February
15

기념일
사랑

Make Valentines.
밸런타인데이 카드를 만들자.

The Day It Rained Hearts _Felicia Bond ⭐

어느 날 하늘에서 하트 비가 내려요!
주인공은 하트를 하나씩 주워, 정성을 가득 담아
밸런타인데이 카드를 만들지요. 그리고 사랑하는
친구들에게 보내요. 사랑을 배우며 창의력을 키우는
재미있는 책입니다. 직접 카드도 만들어 보세요.

표현
연습

★ **I will make Valentines.**
  밸런타인데이 카드(선물)를 만들 거예요.

영어
UP

★ **I know just the right person for this one.**
  이것에 딱 맞는 사람을 알아요.

하브
루타

Why do you think it started raining hearts?
하늘에서 왜 하트가 내렸을까?

November
12

공동체 배려

Be kind to yourself.

너 자신에게 친절하게 대하렴.

The Kindness Book _Todd Parr ★★

누군가에게 미소를 건네는 것, 걱정해 주는 마음, 작은 도움 등 친절함은 생각보다 우리 가까이에 있죠. 오늘 우리는 누구에게 어떤 친절을 나눌 수 있을까요? 작가 토드 파는 특유의 밝은 색채와 굵은 선으로, 가장 친절한 방식으로 우리에게 '친절'을 말하고 있습니다.

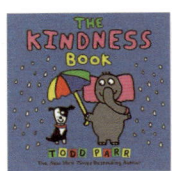

표현 연습

★ **Be proud of yourself.** 네 자신을 자랑스러워 하렴.
★ **Take care of yourself.** 너 자신을 잘 돌보렴.

영어 UP

★ **It's easy to be kind.** 친절해지는 것은 쉬워요.
★ **Kindness is free.** 친절은 아무 비용도 들지 않아요.

하브 루타

Can a small act of kindness make a big difference?
작은 친절이 큰 변화를 만들 수 있을까?

February
16

감정 표현

It's okay to cry.
울어도 괜찮아.

The Color Monster_Anna Llenas ★★

아침에 깨어난 색깔 몬스터는 여러 가지 감정을 느껴요.
하지만 감정이 뒤섞여서 엉망이 됐어요.
작은 소녀가 몬스터를 도와 감정을 하나씩
정리해 주는데…. 마지막에는 예상하지 못한
새로운 색깔이 나타나요! 이 색깔은 어떤 감정을 의미할까요?

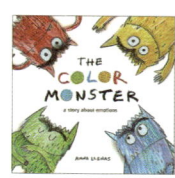

표현 연습
★ **It's okay to smile.** 웃어도 괜찮아.
★ **It's okay to run.** 뛰어도 괜찮아.

영어 UP
★ **When you're happy, you laugh and jump and dance and play!** 기쁠 때는 웃고, 뛰고, 춤추고, 놀고 싶어져요!

하브루타
What color do you feel like today?
오늘 너의 기분은 무슨 색깔이야?

November
11

다양성 배려

Help each other.
서로 도와주렴.

All People Are Beautiful _Vincent Kelly & Cha Consul ★★★

우리는 모두 다르지만 저마다 특별하고 아름다워요.
나이가 많든 적든, 키가 크든 작든, 머리가 길든 짧든,
또 어떤 언어를 사용하든지요. 서로 다르기 때문에
이 모든 것이 우리를 더 특별하게 만들지요.
다양성을 존중하고 서로를 격려하는 따뜻한 메시지를 만나 보세요.

표현 연습

★ **Help your friends.** 친구들을 도와주세요.
★ **Help your teacher.** 선생님을 도와드려요.

영어 UP

★ **All of my friends are unique.**
 내 친구들은 모두 특별해요.

하브루타

What do you think "beautiful" means?
"아름답다"라는 말은 무슨 뜻일까?

February
17

유머
우정

Will you cuddle me?
나 안아 줄래?

I Need a Hug _ Aaron Blabey ★

"안아 주세요!"를 외치는 고슴도치.
하지만 뾰족뾰족한 겉모습에 모두 다 도망가 버렸어요.
고슴도치는 자신을 안아 줄 누군가를 찾을 수 있을까요?
유머 있는 글, 그림을 보며 친구 사이의 우정을
생각해 볼 수 있는 책입니다.

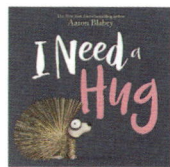

표현 연습

★ **Will you help me?** 나를 도와줄래?
★ **Will you teach me?** 나에게 가르쳐 줄래?

영어 UP

★ **You've all changed your mind!**
너희 모두 마음을 바꿨구나!

하브 루타

Why did the porcupine want a hug?
왜 고슴도치는 포옹을 원했을까?

November
10

협력 나눔

That fruit is mine.

저 과일은 내 거야.

That Fruit Is Mine! _Anuska Allepuz ★★

과일을 좋아하는 코끼리 다섯 마리가 나무 꼭대기에 열린 맛있는 과일을 발견했어요. 코끼리들은 과일을 서로 차지하려다 실패하고 말죠. 그 사이 과일을 가져간 건 작은 쥐들이었어요! 코끼리가 쥐에게 협동심의 중요함을 배우게 되는 이야기랍니다.

표현 연습
- ★ **That fruit is yours.** 저 과일은 네 거야.
- ★ **That fruit is ours.** 저 과일은 우리 거야.

영어 UP
- ★ **Everyone wanted to eat it.**
  모두 그걸 먹고 싶어 했어요.

하브루타
What did the mice do differently from the elephants?
쥐들은 코끼리하고 뭐가 달랐지?

February

18

축제
가족

Is it ready yet?

벌써 준비됐니?

Peppa Loves Pancake Day _Peppa Pig ★★★

영국에는 2월에 '팬케이크 데이'가 있어요.
기독교 전통의 사순절 기간 동안에는 버터, 밀가루,
달걀 등을 먹지 않는다고 해요. 그래서 사순절 시작 전
화요일에 이런 재료들을 모두 소진해야 하지요.
가장 좋은 방법은 바로 팬케이크를 만들어 먹는 것이었답니다.

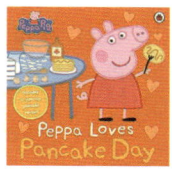

표현 연습

★ **Are we there yet?** 아직 거기 안 왔어요?
★ **Did you make it yet?** 아직 안 만들었어요?

영어 UP

★ **It was tea time.** 식사 시간이었어요.
  * 영국에서는 tea time이 차 마시는 시간을 뜻하기도 하지만 식사 시간을 뜻하기도 한답니다.

하브 루타

Have you ever made a pancake?
팬케이크를 만들어 본 적 있니?

November
09

숫자 문화

Look at me.

날 좀 봐.

Ten Fat Turkeys _Tony Johnston & Rich Deas ★

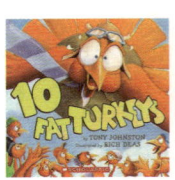

Gobble gobble, wibble wobble!
익살맞은 칠면조들이 덩굴에 매달리고, 춤을 추고,
엉뚱한 장난을 치면서 하나씩 사라져요. 재미있는 운율과
반복적인 문장 덕분에 어린이들도 쉽게 따라
읽을 수 있답니다. 숫자와 영어를 즐겁게 만날 수 있어요.

표현 연습
★ **Look at this picture!** 이 그림을 봐!
★ **Look at my new shoes!** 내 새 신발을 봐!

영어 UP
★ **Why didn't we think of that?**
왜 우리가 그 생각을 못 했지?

하브루타
Can you make up your own silly turkey rhyme?
너만의 재미있는 칠면조 운율을 만들어 볼 수 있을까?

February
19

감정 표현

What makes you smile?
너를 미소 짓게 하는 건 무엇이니?

I've Got a Feeling! _Stephanie Owen Reeder ★★

재미있는 플랩북입니다. 페이지에 있는 플랩을 열면
다양한 감정을 담고 있는 아이의 얼굴이 나타나요.
기쁨과 슬픔뿐만 아니라 자랑스러움, 신남, 지루함까지
다양한 감정이 섬세하게 표현되어 있습니다.
표정을 흉내 내며 즐겁게 읽어 보세요.

표현 연습
★ **What makes you laugh?** 무엇이 너를 웃게 하니?
★ **What makes you happy?** 무엇이 너를 행복하게 해?

영어 UP
★ **My eyes are sparkling.** 내 눈이 반짝여요.
★ **My mouth is open wide.** 입이 크게 벌어져 있어요.

하브루타
How does your face change when you're upset?
너는 속상하면 표정이 어떻게 변해?

November
08

감사
일상

I am thankful for my friends.

나는 친구들에게 고마워.

The Thankful Book _Todd Parr ★★

당연하게 생각하던 것들이나 소소한 일상에 대해
감사해 볼까요? 음악은 춤추고 싶게 해 주니 감사,
발은 달리게 해 주니 감사,
키스는 사랑받는 느낌을 주니 감사하는 것이지요.
읽다 보면 마음이 따뜻해지는 책이에요.

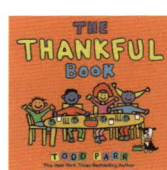

표현 연습
★ **We are thankful for the delicious meal.**
저희는 맛있는 식사에 감사드립니다.

영어 UP
★ **I like to watch things grow.**
나는 자라는 것들을 보는 걸 좋아해요.

하브루타
What are you thankful for today?
오늘 너는 무엇에 감사하니?

February 20

감정 문제해결

Are you grumpy?
너 짜증 났어?

Grumpy Monkey _Suzanne Lang & Max Lang ★★

어느 날, 원숭이 짐은 이유 없이 기분이 엉망입니다.
친구들은 이렇게 좋은 날에 왜 우울해하냐며,
기분을 풀어 줄 별별 방법을 제안해요.
하지만 짐은 결국 폭발하고 말지요. 그런데 혹시,
그냥 뾰로통한 기분을 그대로 느껴도 괜찮은 걸까요?

표현연습

★ **Are you happy?** 너 지금 행복하니?
★ **Are you sad?** 너 지금 슬프니?

영어 UP

★ **Why are you grumpy?** 왜 심술이 났어?
★ **It's such a wonderful day.** 오늘은 이렇게 멋진 날인데.

하브루타

What helps you feel better when you are grumpy?
짜증날 때 기분이 좋아지려면 어떻게 하면 좋을까?

November
07

감사
유머

Thank you for your great ideas!

멋진 아이디어들 고마워!

The Thank You Book _ Mo Willems ⭐

코끼리 제럴드와 돼지 피기는 모두에게 고마운 마음을 전할 준비가 되어 있다고 해요. 친구들에게 "Thank you"라고 말하는 제럴드와 피기는 정말 모든 이에게 잊지 않고 마음을 전할 수 있을까요? 작가 모 윌리엄스의 '코끼리와 꿀꿀이' 시리즈입니다.

표현 연습
- ★ **Thank you for the gift.** 선물 고마워요.
- ★ **Thank you for helping me.** 나를 도와줘서 고마워요.

영어 UP
- ★ **You are forgetting someone important!**
  너는 어떤 중요한 사람을 잊고 있어!

하브루타
Why is it important to say "Thank you"?
"고마워"라고 말하는 건 왜 중요할까?

February
21

우정
감정

She gives us kisses.
그녀는 우리에게 뽀뽀해 줘.

Hedgehog Heart_ James Antoniou & Nikki Slade Robinson ★

사랑하는 이들의 마음은 어떤 모습일까요?
주변 사람들의 마음을 동물에 비유하며,
사랑이 다양한 방식으로 표현된다는 것을 따뜻하게
보여 주는 이야기입니다.

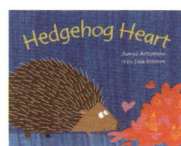

표현연습
- ★ **Mom gives us kisses.** 엄마는 우리에게 뽀뽀를 해 줘요.
- ★ **Dad gives us kisses.** 아빠는 우리에게 뽀뽀를 해 줘요.

영어 UP
- ★ **They hold you tight.** 그들은 너를 꼭 안아 줘요.
- ★ **She wants all your love.** 그녀는 너의 모든 사랑을 원해요.

하브루타
Can you describe your family's hearts?
가족들의 마음을 표현해 볼 수 있을까?

November
06

우정 나눔

Shall we share?
우리 함께 쓸까?

Sharing a Shell_ Julia Donaldson & Lydia Monks ★★

작은 소라게는 자신만의 소라껍데기를 찾아 행복했어요.
하지만 말미잘과 다모충이 함께 지내자고 찾아왔어요.
시간이 지나면서 세 친구는 점점 커졌고,
소라껍데기가 비좁아지자 다툼이 생기고 말았지요.
과연 세 친구는 다시 사이좋게 지낼 수 있을까요?

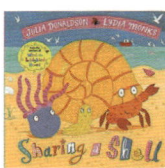

표현 연습
★ **Shall we go?** 우리 갈까요?
★ **Shall we wait?** 우리 기다릴까요?

영어 UP
★ **You can't share a shell with us.**
우리랑 소라껍데기를 함께 쓸 수 없어요.

하브 루타
What was good when they shared the shell?
그들이 조개껍데기에 함께 살았을 때 좋았던 것은 무엇이었을까?

February

22

Love isn't always bright.

사랑은 늘 밝지만은 않아.

사랑
감정

LOVE from the Crayons_Drew Daywalt & Oliver Jeffers ★★

사랑은 무슨 색일까요?
크레용 친구들이 사랑을 색깔로 표현해요.
햇살처럼 따뜻한 사랑은 노란색,
끝없는 상상의 사랑은 보라색일 수 있지요.
소중한 이에게 선물하기 좋은 귀여운 그림책입니다.

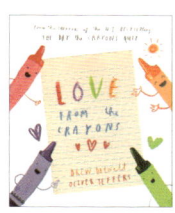

 **표현연습**
★ **The weather isn't always sunny here.**
여기 날씨는 항상 맑지만은 않아.

 영어 UP
★ **Love is sunny and warm.** 사랑은 햇살처럼 따뜻해요.
★ **Love is every color.** 사랑은 다양한 색이에요.

 **하브루타**
If you draw a picture of love, what colors would you use?
사랑을 표현하는 그림을 그린다면, 어떤 색들을 쓸 거니?

November
05

나눔
자연

Norris was wise.

노리스는 지혜로웠어.

The Bear Who Shared _Catherine Rayner ★★

곰 노리스는 나무에 마지막으로 남은 과일이 떨어지길
조용히 기다려요. 너구리 튤립과 생쥐 바이올렛은
과일 향을 맡아 보기도 하고 안아 보기도 하죠.
그러다 과일이 노리스 위로 뚝 떨어집니다.
지혜로운 노리스는 어떻게 해야 할까요?

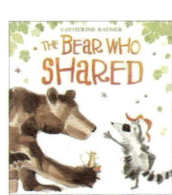

표현
연습

★ **Norris was kind.** 노리스는 친절했어요.
★ **Norris was smart.** 노리스는 똑똑했어요.

영어
UP

★ **Norris's wait was over.**
노리스의 기다림은 끝이 났어요.

하브
루타

Would you share the fruit with friends if you were Norris?
네가 노리스라면 친구들과 과일을 나눠 먹었을까?

February
23

감정
일상

I spy the biscuit jar.
과자 병이 보여.

Red, Red, Red _Polly Dunbar ★

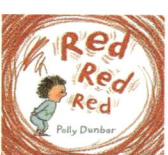

귀여운 꼬마가 쿠키를 꺼내 먹으려고 하다 그만 꽝!
양말은 벗겨지고, 바지는 삐뚤어지고,
뚜껑은 또 왜 안 열리는지, 모든 것에 화가 나요!
소리를 지르며 어쩔 줄 몰라하는 아이에게 엄마가 화를
다스리는 방법을 알려줘요. 함께 해 볼까요?

표현 연습
- ★ **I spy something round.** 나는 둥근 것을 봤어요.
- ★ **I spy a cat under the tree.** 나는 나무 아래 고양이를 봤어요.

영어 UP
- ★ **I'll get it down.** 내가 내려놓을 거야.
- ★ **You've banged your head.** 머리를 부딪혔구나.

하브루타
What does the color red mean to you?
너에게 빨간색은 어떤 의미이니?

November
04

감사 나눔

I have nothing.
난 아무것도 없어.

Bear Says Thanks _Karma Wilson & Jane Chapman ⭐

감사의 마음은 혼자 간직하는 것이 아니라, 함께 나누는 것입니다. 이 책은 친구들과 함께하는 소중한 순간과 나눔의 의미를 전하며, 아이들이 감사하는 마음을 배울 수 있도록 도와줘요. 곰과 친구들과 함께 따뜻한 감사의 만찬을 즐겨 볼까요?

표현 연습
★ **They have nothing.** 그들은 아무것도 없어요.
★ **He has nothing.** 그는 아무것도 없어요.

영어 UP
★ **You don't need any food, you have stories to share!** 어떤 음식도 필요 없어, 너에겐 나누어 줄 이야기가 있으니까!

하브루타
Why is sharing with friends important?
친구들과 나누는 것이 왜 중요할까?

February
24

사랑
가족

I love hugs.
나는 포옹하는 것을 좋아해.

How to Send a Hug _Hayley Rocco & John Rocco ★★

아티는 따뜻한 포옹을 좋아하지만,
멀리 사는 할머니를 직접 안아 드릴 수는 없어요.
그래서 손편지로 포옹을 보내는 방법을 배웠지요.
멀리 떨어져 직접 만나기 어려운 사람에게
마음을 담아 사랑을 전하는 아름다운 이야기입니다.

표현 연습
- ★ **I love kisses.** 나는 뽀뽀를 좋아해요.
- ★ **I love stories.** 나는 이야기를 좋아해요.

영어 UP
- ★ **I learned how to send a hug.** 포옹을 보내는 법을 배웠어요.
- ★ **This is an important hug.** 이건 중요한 포옹이에요.

하브루타
When you get a hug, how does it make you feel?
누가 안아 주면 기분이 어때?

November
03

감사
운율

What are you thankful for?

넌 무엇에 감사하니?

Dr. Seuss's Thankful Things _Dr. Seuss ★

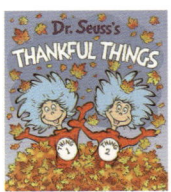

씽원과 씽투가 감사해야 할 것들을 하나하나 나열하는 것을 보며, 감사하는 마음을 배우는 유쾌한 그림책입니다. 리듬감 넘치고 간결한 문장으로 아이들이 쉽게 따라 읽으며 감사의 의미를 자연스럽게 익힐 수 있어요. 닥터수스의 유쾌한 언어 마술을 즐겨 보세요.

표현 연습
- ★ **What are you happy for?** 너는 무엇 때문에 행복하니?
- ★ **What are you excited for?** 너는 무엇 때문에 신나니?

영어 UP
- ★ **Things One and Two are thankful for a friend like you!** 씽원과 씽투는 너 같은 소중한 친구가 있어 감사해!

하브 루타
Can you think of a fun way to show gratitude?
감사를 재미있게 표현하는 방법이 있을까?

February
25

감정 표현

Love is gentle.
사랑은 다정해요.

I Am Love: A Book Of Compassion_Susan Verde & Peter H. Reynolds ★★

마음을 어루만지는 따뜻한 사랑에 관한 이야기입니다. 사랑의 마음으로 길을 가면 더 나은 세상 가까이 다가갈 수 있어요. 화가 나고, 슬프고, 두려울 때, 사랑은 우리의 마음에 빛을 비춰 준대요! 여러분 마음속의 사랑은 어떤 모습인가요?

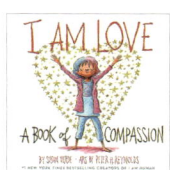

표현 연습
★ **Love is kind.** 사랑은 친절해요.
★ **Love is strong.** 사랑은 강해요.

 **영어 UP**
★ **I can listen and not say a word.**
나는 아무 말 없이 조용히 들어 줄 수 있어요.

 **하브루타**
How can you show love to someone who is sad?
슬퍼하는 사람에게 어떻게 사랑을 표현할 수 있을까?

November
02

감사 나눔

He has everything.
그는 모든 걸 다 가지고 있단다.

Biscuit Is Thankful_ Alyssa Satin Capucilli & Pat Schories ⭐

감사의 의미를 자연스럽게 배울 수 있는 이야기입니다. 아이들이 '고마운 것'에 대해 생각해 볼 수 있는 계기가 되지요. 비스킷과 함께 감사의 마음을 나눠 볼까요? 문장이 간결하고 반복적이어서 어린이들이 쉽게 따라 읽을 수 있습니다.

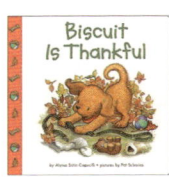

표현 연습
- ★ **I have everything.** 나는 모든 걸 가지고 있어요.
- ★ **She has everything.** 그녀는 모든 걸 가지고 있어요.

영어 UP
- ★ **Every day Biscuit finds so much to be thankful for.** 비스킷은 매일 감사할 것이 정말 많다는 걸 알아요.

하브루타
What are three things you are thankful for?
네가 감사하게 생각하는 세 가지는 무엇일까?

February
26

동물 표현

Brave as a lion.
사자처럼 용감해.

My Heart Is Like a Zoo_Michael Hall ⭐

이 동물원은 뭔가 특별합니다.
동물들이 모두 하트 모양으로 생겼지 뭐예요!
밝은 컬러, 간결한 문장, 장난기 넘치는 동물들, 그리고
세어 보고 즐길 수 있는 300개가 넘는 하트를 선보입니다.
하트 하나하나가 모여 동물원이 되는 과정도 놀라워요.

표현연습
★ **Naughty as a monkey.** 원숭이처럼 개구쟁이야.
★ **Beautiful as a swan.** 백조같이 아름다워.

영어 UP
★ **My heart is like a chocolate.** 내 마음은 초콜릿 같아.
★ **My eyes are like stars.** 내 눈은 별 같아.

하브루타
What can you make with hearts?
하트로 무엇을 만들 수 있을까?

November

01

It tastes like cinnamon.

계피 맛이 나는걸.

계절 자연

In November_ Cynthia Rylant & Jill Kastner ★★★

11월이 되면 날씨가 추워지고, 땅과 모든 생명체들이
겨울을 준비합니다. 동물들은 먹이와 보금자리를 찾고,
사람들은 가족과 친구들과 함께 모여 감사하는
시간을 보냅니다. 여러분의 11월은 어떤가요?
초겨울을 맞이하는 마음으로 읽어 보세요.

표현 연습
★ **It tastes like lemon.** 레몬 맛이 나요.
★ **It feels like clouds.** 구름 같이 느껴져요.

영어 UP
★ **The air is crisp.** 공기가 상쾌해요.
★ **The food is warm.** 음식이 따뜻해요.

하브 루타
What do you find in November?
11월에는 무엇을 찾을 수 있니?

February
27

사랑
동물

They laugh.
그들은 웃어.

The Happy Day _Ruth Krauss & Marc Simont ⭐

겨울잠을 자고 있던 동물들이 모두 잠에서 깨어나
코를 킁킁, 어떤 냄새를 따라서 달려 나가고 있어요.
산속 여기저기서 모여드는 발자국 소리!
모두가 향하는 곳에는 무엇이 있을까요?
봄의 기쁨을 전하는 따뜻한 그림책입니다.

표현 연습
★ **I sing.** 나는 노래를 불러요.
★ **My mom cooks.** 우리 엄마는 요리를 해요.

영어 UP
★ **They sniff. They run. They shout.**
그들은 킁킁 냄새를 맡고, 달리고, 외쳐요.

하브 루타
How do you feel when you wake up after a good sleep?
푹 자고 일어나면 기분이 어떠니?

11월

November

추수감사절·나눔
Thanksgiving·Sharing

깊어지는 가을,
앙상해져 가는 나뭇잎은
겨울을 맞이할 준비를 하고
한 해를 마무리해야 할 시기임을 알려 줍니다.

미국과 캐나다에서는 11월에
추수감사절을 기리며,
온 가족이 함께 모여 축하를 해요.
한 해 동안 감사했던 것을 뒤돌아보는 시간이지요.

갓 구운 칠면조와 따끈따끈한 호박 파이는
가을의 풍미를 더해 준답니다!

February
28

축제 / 자연

It'll be perfect.
이건 완벽할 거야.

Green Shamrocks _Eve Bunting & Joelle Dreidemy ★★

서양의 대표적인 3월 축제로
성 패트릭 데이(St. Patrick's Day)가 있습니다.
2월의 마지막 날, 토끼는 성 패트릭 데이를 기다리며
클로버를 심었어요. 그런데 정성껏 심은 클로버가
사라집니다. 어떻게 된 일일까요?

 **표현 연습**
★ **It will be perfect for a picnic.**
  소풍 가기에 완벽할 거야.

 영어 UP
★ **It will be fantastic.** 그건 훌륭할 거야.
★ **It will be awesome.** 그건 멋질 거야.

 **하브 루타**
Have you ever found a four-leaf clover? What did it feel like? 네잎클로버를 찾은 적이 있니? 기분이 어땠어?

October
31

포용
축제

It wasn't yet Halloween.

아직 핼러윈이 아니었어.

Stumpkin_Lucy Ruth Cummins ★★★

다른 호박들과 달리 꼭지가 없어 슬픈 호박 스텀프킨 이야기입니다. 다른 친구들은 사람들이 하나둘 데려가고, 멋지게 장식된 호박 친구들도 점점 많아지는데 스텀프킨은 아무도 선택해 주지 않아요. 과연 이 친구도 멋지게 쓰일 날이 올까요?

표현 연습
★ **It's not time yet.**
아직 시간이 아니에요.

영어 UP
★ **They were thrilled for their friend.**
그들은 친구의 일에 매우 기뻐했어요.

하브루타
Have you ever felt sad because you were different from others? 다른 사람들과 다르다는 이유로 슬펐던 적이 있니?

3월

March

자존감·우정
Self esteem·Friendship

나라마다 새 학년이 시작하는 시기는 다소 다르지만,
우리나라는 3월에 새 학년이 시작됩니다.
새 학년을 준비하는 마음가짐을
그림책 속 주인공들을 통해 알아보아요.

아울러 영미권 3월의 주요 축제인
'성 패트릭 데이(St. Patrick's Day)'도 만나 볼까요?
성 패트릭 데이의 요정 레프러콘들과 함께
행운도 찾아보아요!

October 30

자존감
다양성

He couldn't budge.
꿈쩍도 하지 않았어.

The Legend of Spookley the Square Pumpkin_ Joe Troiano & Susan Banta ★★★

네모나게 태어나 놀림받고, 다른 친구들처럼
구를 수도 없어 슬픈 호박 스푸클리 이야기입니다.
그러던 어느 날 태풍이 몰아치자, 스푸클리는 네모난
모습 덕분에 친구들과 밭을 지켜 내는 영웅이 되지요.
자기만의 장점을 발견하고 이야기해 보기 좋은 책입니다.

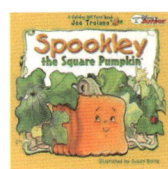

표현 연습
★ **The box wouldn't budge.**
상자가 꼼짝하지 않았어요.

영어 UP
★ **He was rare.** 그는 평범하지 않았어요.
★ **The fence gave way.** 울타리가 무너졌어요.

하브루타
Can you think of a time when being different helped you?
너의 다른 점이 네게 도움이 되었던 순간이 있니?

March
01

자존감
일상

Don't worry.

걱정하지 마.

Mom, It's My First Day of Kindergarten! _Hyewon Yum

처음 유치원에 가는 날,
사실은 아이보다 엄마가 더 긴장한다는 걸 아나요?
오히려 아이가 긴장한 엄마를 달래 준답니다.
우리나라보다 미국에서 더 유명한 염혜원 작가의
그림책을 보며, 첫 등원의 설레는 마음을 함께 이야기해 보아요.

표현 연습

★ **Don't laugh.** 웃지 마.
★ **Don't cry.** 울지 마.

영어 UP

★ **Maybe I'm not ready for school.**
어쩌면 난 학교 갈 준비가 되지 않았어.

하브루타

How do you feel about going to kindergarten(school)?
유치원(학교)에 가는데 기분이 어떠니?

October 29

다양성 모험

No hat could be found.

모자를 찾을 수 없었어.

Room on the Broom _ Julia Donaldson & Axel Scheffler ★★★

빗자루를 타고 날아가는 마녀.
마녀는 고양이를 데리고 빗자루를 탔어요.
그런데 이어서 강아지, 새, 그리고 개구리도 빗자루에
올랐지요. 그랬더니 그만 빗자루가 두 동강이 나고 모두 떨어지고
말았어요! 재치 있는 이야기를 읽으며 영어의 운율을 느껴 보아요.

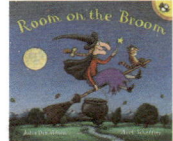

표현 연습

★ **No exit could be found.**
출구를 찾을 수 없었어요.

영어 UP

★ **Is there room on the broom?**
빗자루에 탈 자리 있어요?

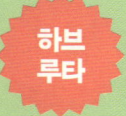

하브루타

Have you helped a friend, and the friend helped you back?
친구를 도와줬더니 그 친구가 나중에 다시 너를 도와준 경험이 있니?

March
02

유머
일상

It is fun.

재밌어.

The Cat in the Hat_Dr. Seuss ★★

3월 2일은 Dr. Seuss Day예요. 대부분의 영미권에서는 닥터 수스의 이야기로 수업하며 다양한 활동을 합니다. 언어의 마술사 닥터 수스의 책을 읽으며, 그 매력에 푹 빠져 보세요! 모자 쓴 장난꾸러기 고양이를 세상에 소개한 그림책의 고전입니다.

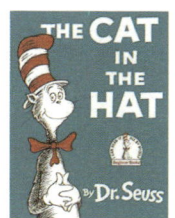

표현 연습
- ★ **It is good.** 좋아요.
- ★ **It is cool.** 멋져요.

영어 UP
- ★ **The sun did not shine.** 해가 비치지 않았어요.
- ★ **The flower did not bloom.** 꽃이 피지 않았어요.

하브루타
When you're bored, what do you do?
지겨울 땐 어떻게 하니?

October
28

상상력
용기

You don't scare me!
넌 나를 무섭게 못 해!

Go Away, Big Green Monster!_Ed Emberley ★★

무서운 괴물이 있었어요. 정말 무서울 줄 알았는데,
용기를 내어 한마디씩 외치자 괴물의 모습이
하나씩 사라졌어요. 결국 괴물은 완전히 사라지고,
두려움도 함께 사라졌지요.
어떻게 된 것일까요?

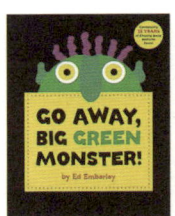

 표현 연습
★ **Go away, sharp white teeth!**
날카로운 흰 이빨아, 저리 가!

 영어 UP
★ **Don't come back until I say so.**
내가 허락할 때까지 돌아오지 마.

 하브루타
What do you do when you're scared?
무서울 땐 어떻게 하니?

March
03

유머 / 일상

I am scared.

나는 무서워.

The Pigeon HAS to Go to School!_Mo Willems ★★

비둘기는 이미 모든 것을 다 아는데, 왜 학교에 가야 하는지 모르겠다고 해요. 학교가 마음에 들지 않으면 어쩌죠? 선생님이 나를 좋아하지 않으면 어쩌죠? 공부를 너무 많이 시키면 어쩌죠? 학교에 갈 필요가 없다고 말하지만, 사실은 걱정이 많은 비둘기랍니다.

표현 연습
- ★ **I am happy.** 나는 행복해요.
- ★ **I am sad.** 나는 슬퍼요.

영어 UP
- ★ **What if I don't like school?** 학교가 싫으면 어떡하죠?
- ★ **I already know how to read!** 나 벌써 읽을 줄 알아요!

하브루타

Why do you think you have to go to school?
학교는 왜 가야 하는 걸까?

October 27

다양성 / 문화

It smells stinky!
냄새가 고약해!

Lunch From Home _ Joshua David Stein & Jing Li ★★★

이 책은 이민 가정 출신 요리사들의 어린 시절 경험을 담았어요.
네 아이는 남들과 다른 도시락 때문에 당황했지요.
하지만 차츰 자신의 음식과 문화를 자랑스러워하게 됩니다.
점심시간의 작은 이야기 속에 큰 깨달음이 숨어 있어요.
음식 문화의 다양성을 생각하게 하는 그림책입니다.

표현 연습
- ★ **It smells spicy.** 매운 냄새가 나요.
- ★ **It smells sweet.** 달콤한 냄새가 나요.

영어 UP
- ★ **I'm sick of sandwiches.** 난 샌드위치가 지긋지긋해요.
- ★ **Just a boring sandwich.** 그냥 평범한 샌드위치.

하브루타
Why is it good to try and celebrate foods from different countries? 다른 문화의 음식을 존중하고 축하하는 것이 왜 중요할까?

March
04

용기 / 일상

It'll be fun.
재미있을 거야.

First Day _Andrew Daddo & Jonathan Bentley ★

첫 등교날의 설렘과 긴장, 그리고 다양한 감정이 담겨 있는 책입니다. 등교 준비부터 방과 후 일과가 그려져 있어요. 그런데 이야기 전반에 걸쳐 긴장한 아이를 안심시키던 목소리의 주인공은 누구일까요? 마지막에 숨겨진 귀여운 반전도 재미있습니다.

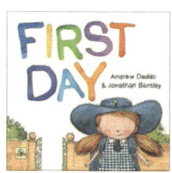

표현 연습
- ★ **It'll be exciting.** 신날 거예요.
- ★ **It'll be amazing.** 엄청나게 좋을 거예요.

영어 UP
- ★ **It's time to get dressed.** 옷 입을 시간이야.
- ★ **You'll make new friends.** 넌 새로운 친구를 사귀게 될 거야.

하브루타
What helps you feel better when you're nervous?
긴장될 때 무엇이 너를 편안하게 해 주니?

October
26

문화 감정

Mouse has seven pumpkins.

생쥐는 호박 일곱 개를 가지고 있어.

It's Pumpkin Day, Mouse! _Laura Numeroff & Felicia Bond ★

미국에서 10월 26일은 '호박의 날'입니다.
생쥐는 호박의 날을 맞이하여 호박에 다양한 표정의
얼굴을 만들고 있습니다. 앗, 그런데 하나가 사라졌네요!
우리에게도 호박의 날이 있다면 무엇을 할지 생각해 보며
함께 호박을 재미있게 꾸며 보아요.

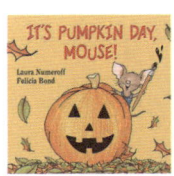

표현 연습
★ **I have three apples.** 나는 사과 세 개를 가지고 있어요.
★ **She has ten candles.** 그녀는 초 열 개를 가지고 있어요.

영어 UP
★ **One of the pumpkins is missing.**
호박 하나가 사라졌어요.

If you paint a pumpkin, what face would you make?
호박을 꾸민다면 어떤 얼굴을 만들겠니?

March 05

유머 / 일상

No running.
뛰지 마.

David Goes to School _David Shannon ★

말썽꾸러기 데이비드가 학교에 갑니다. 데이비드는 학교생활을 잘할 수 있을까요? 에너지 넘치는 장난으로 교실이 떠들썩해요. 골칫거리 같지만 웃음을 주는 데이비드! 덕분에 선생님은 오늘도 정말 바빠요. 지도해야 할 것이 한두 가지가 아니거든요.

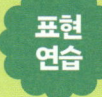
표현 연습
★ **No pushing.** 밀지 마.
★ **No eating.** 먹지 마.

영어 UP
★ **Keep your eyes open.** 눈을 뜨고 있으렴.
★ **Keep yourself warm.** 몸을 따뜻하게 하렴.

하브루타
What rules should we keep at school?
학교에서 지켜야 하는 규칙은 뭘까?

October 25

다양성 모험

Rock was the strongest.

바위가 가장 힘이 셌어.

The Legend of Rock, Paper, Scissors_Drew Daywalt & Adam Rex ★★★

옛날 옛날 아주 먼 옛날, 뒷마당 왕국에는 바위라고 불리는 영웅이 살았어요. 바위는 이 세상에서 가장 힘이 센 영웅이었답니다. 그러던 어느 날, 바위에 도전하는 누군가가 나타나는데, 과연 어떤 이야기가 펼쳐질까요? '가위바위보'를 소재로 한 유쾌한 그림책입니다.

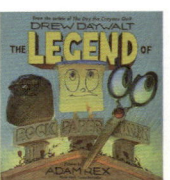

표현 연습
★ **Scissors were the sharpest.** 가위는 가장 날카로웠어요.
★ **Panda was the funniest.** 판다가 가장 웃겼어요.

영어 UP
★ **Let's learn all the shapes!** 모든 모양들을 배워 보자!
★ **Let's find all the animals!** 모든 동물들을 찾아보자!

하브루타
What would you do if you met someone stronger than you? 너보다 강한 누군가를 만난다면 어떻게 할 거야?

March 06

계절 자연

The birds have come back!

새들이 다시 돌아왔어!

Goodbye Winter, Hello Spring _Kenard Pak ⭐

겨울에게 인사하고 봄을 맞이해요.
밤이 깊고 새벽이 밝아 오면 햇살은 따뜻해집니다.
낮이 길어지고 동물들도 밖으로 나오지요.
초록빛이 돋아나면 봄이 왔음을 알 수 있어요.
겨울과 봄의 만남을 담은 아름다운 그림책입니다.

표현연습

★ **The birds have flown away!** 새들이 날아갔어요!
★ **The cats have run away!** 고양이들이 달아났어요!

영어 UP

★ **My twigs stay together.**
내 나뭇가지들은 함께 붙어 있어요.

하브루타

What do you want to say hello to when spring comes?
봄이 오면 무엇에게 인사하고 싶니?

October
24

우정
나눔

Please give me one.
나에게 하나만 줘.

The Rainbow Fish_ Marcus Pfister ★★★

반짝반짝 비늘이 아름다운 무지개 물고기!
처음엔 자기 자랑만 하며 혼자 있던 무지개 물고기는
소중한 비늘을 나누며 진정한 우정과 행복을 발견하게
됩니다. 아이들의 눈을 사로잡는 반짝이는
그림과 따뜻한 메시지가 모두의 마음에 오래도록 남을 거예요.

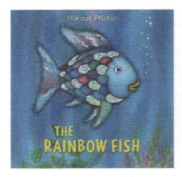

표현 연습
★ **Please give me a book.** 책 한 권 주세요.
★ **Please give me a cookie.** 쿠키 하나 주세요.

영어 UP
★ **Why doesn't anybody like me?**
왜 아무도 나를 좋아하지 않을까?

하브루타
What is something you have that's special and you can share?
네가 가진 특별한 것 중 다른 사람과 나눌 수 있는 것은 무엇이 있을까?

March
07

동물 자존감

I want to be a cat.
고양이가 되고 싶어.

I Don't Want to Be a Frog _Dev Petty & Mike Boldt ★★

"난 개구리인 게 싫어!" 고집 센 작은 개구리는
고양이, 토끼, 올빼미 등 다른 동물이 되고 싶어 합니다.
하지만 개구리를 싫어하는 배고픈 늑대를 만나면서
자신의 모습을 다시 돌아보게 되는데요.
과연 이 작은 개구리는 어떤 결론에 다다르게 될까요?

표현 연습
★ **I want to be a teacher.** 나는 선생님이 되고 싶어요.
★ **I want to be an artist.** 나는 화가가 되고 싶어요.

영어 UP
★ **I don't want to be a frog. It's too slimy.**
나는 개구리가 되고 싶지 않아요. 너무 미끈미끈하잖아요.

하브루타
What animal do you want to be? Why?
어떤 동물이 되고 싶니? 왜 그럴까?

October 23

다양성 문화

My bed is made from fired clay.

내 침대는 구운 진흙으로 만들어졌어.

My Bed: Enchanting Ways to Fall Asleep Around the World _ Rebecca Bond & Salley Mavor ★★★

다른 나라의 아이들은 어떻게 잠자리에 들까요?
네덜란드에서는 물 위의 침대에서, 브라질에서는 바람에
흔들리면서 잘지도 몰라요. 캐나다, 일본, 노르웨이는
어떨까요? 바느질로 한 땀 한 땀 작업한 이 책에서
세계 여러 나라의 공통점과 다른 점을 발견해 보세요.

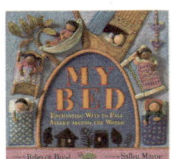

표현 연습
★ **This pot is made from fired clay.**
이 항아리는 구운 진흙으로 만들어졌어요.

영어 UP
★ **The bed is built from sturdy wood.**
그 침대는 튼튼한 나무로 지어졌어요.

하브루타
Where would you like to sleep?
너는 어디에서 자 보고 싶어?

March 08

자존감 / 일상

I have a best friend.
나에게는 가장 친한 친구가 있어.

I Like Me! _Nancy Carlson ⭐

활기 넘치는 주인공은 자신을 사랑하는 법을 잘 아는 귀여운 돼지예요. 자신의 모습과 하는 모든 일을 좋아하며, 실수해도 다시 일어나 도전하는 긍정의 아이콘! 여러분도 이 돼지처럼 자신을 사랑하고 용기를 가질 수 있을까요?

표현연습
- ★ **I have a pet cat.** 나는 반려 고양이가 있어요.
- ★ **I have a toy car.** 나는 장난감 자동차가 있어요.

영어 UP
- ★ **That best friend is me.**
  그 최고의 친구는 나예요.

하브루타
What do you like most about yourself?
네 스스로에게 가장 좋아하는 점은 무엇이니?

October 22

공동체 포용

All are welcome here.

이곳에서는 모두가 환영받는단다.

All Are Welcome _ Alexandra Penfold, Suzanne Kaufman ★★

모든 아이들이 안전하고 존중받으며, 함께 어울려 배우는 학교의 모습을 따뜻하게 담은 그림책입니다. 다양한 문화와 배경을 가진 아이들이 함께 공부하고, 서로의 전통을 나누며, 차이를 존중하는 공간. 이곳에서는 모두가 소중한 존재이고, 모두가 환영받아요.

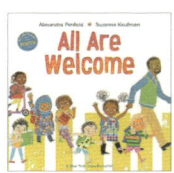

표현 연습
★ **All are safe here.** 여기서는 모두가 안전해요.
★ **All are happy here.** 여기서는 모두가 행복해요.

영어 UP
★ **Fears are lost and hope is found.**
두려움은 사라지고 희망이 찾아와요.

하브루타
What makes a school a welcoming place for everyone?
모두가 환영받는 학교를 만들려면 어떻게 해야 할까?

March 09

자존감
사랑

Give me your hand.

네 손을 주렴.

The Kissing Hand _Audrey Penn & Ruth Harper ★★★

학교에 가기 두려운 아기 너구리에게
엄마가 특별한 사랑의 방법을 알려 줍니다.
아기 너구리는 용기가 생겼을까요?
사랑과 용기를 전하는 감동적인 이야기예요. 영미권에서
새학년을 시작할 때 가정에서 가장 많이 읽히는 책이랍니다.

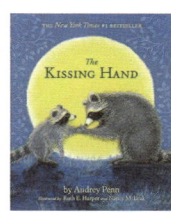

표현 연습
★ **Give me your pencil.** 연필을 주세요.
★ **Give me your hug.** 안아 주세요.

영어 UP
★ **I want to stay home with you.**
엄마랑 집에 있고 싶어요.

하브 루타
When you feel nervous, what do you do to feel braver?
긴장될 때 더 용감해지기 위해 무엇을 할 수 있을까?

October
21

성장
자존감

My mistakes!

내 실수야.

The Boy Who Makes A Million Mistakes _Brenda Li ★★★

마일로는 요리사가 되고 싶어요. 그런데 문제가 하나 있었어요. 마일로는 항상 실수를 한답니다. 어떻게 하면 좋을까요? 제빵 행사가 코앞으로 다가온 지금, 마일로는 포기해야 할까요? 아니면 자신의 베이킹 꿈을 이룰 방법을 찾을 수 있을까요?

표현 연습
★ **My fault!** 내 잘못이야!
★ **My luck!** 내 행운이야!

영어 UP
★ **He keeps making mistakes.**
그는 계속 실수를 해요.

하브 루타
Have you ever kept trying even after making a mistake?
실수해도 계속해서 노력해 본 적 있니?

March
10

색깔
자존감

I like my white shoes.

나는 내 하얀색 신발이 좋아.

Pete the Cat: I Love My White Shoes _Eric Litwin & James Dean ★★

피트는 하얀 새 신발을 신고 신나게 길을 걸어가요.
하지만 딸기, 블루베리, 물웅덩이를 밟으면서 신발 색깔이
흰색에서 빨강, 파랑, 갈색으로 계속 변하죠.
그래도 피트는 멈추지 않고 노래하며 외쳐요.
"괜찮아, 다 잘될 거야!" 이제 어떤 색으로 변할까요?

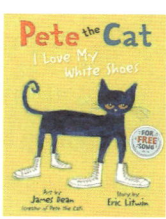

표현 연습
★ **I like my blue hat.** 나는 내 파란색 모자를 좋아해요.
★ **I like my red socks.** 나는 내 빨간색 양말을 좋아해요.

영어 UP
★ **Pete loved his white shoes so much, he sang this song.** 피트는 흰색 신발을 너무 좋아해서 이 노래를 불렀어요.

하브루타
What would you do if your favorite thing got dirty?
가장 좋아하는 물건이 더러워진다면 어떻게 하겠니?

October 20

성장 자존감

She makes mistakes.

그녀는 실수를 해.

The Girl Who Makes a Million Mistakes _Brenda Li ★★★

밀리는 무엇을 하든 항상 실수를 해요.
우유를 따를 때는 흘리고, 치약을 너무 많이 짜 버립니다.
무엇을 하든 실수를 하는 밀리. 어떻게 할까요?
밀리가 배우고, 문제를 해결하고, 인내하며 마침내 성공하는
모습을 지켜보세요. 어린이들에게 동기를 부여하는 책입니다.

표현 연습
★ **She doesn't make mistakes.** 그녀는 실수를 하지 않아요.
★ **He makes plans.** 그는 계획을 세우고 있어요.

영어 UP
★ **Can she do it?** 그녀가 그것을 할 수 있을까요?
★ **Can you make it?** 그것을 만들 수 있나요?

하브루타
What do you do when you make mistakes?
실수를 하면 어떻게 하니?

March 11

숫자
자존감

Buttons come, buttons go.

버튼이 오고, 버튼이 가.

Pete the Cat and His Four Groovy Buttons _Eric Litwin & James Dean ★★

피트는 자신이 가장 좋아하는 셔츠를 입고 있어요.
네 개의 멋진 단추가 달린 셔츠이지요.
그런데 단추가 하나씩 떨어져도 피트는 울지 않고
신나게 노래를 부릅니다. "괜찮아, 다 잘될 거야!"
피트의 셔츠에는 결국 몇 개의 단추가 남을까요?

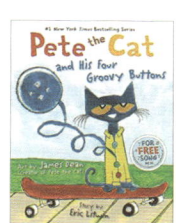

표현 연습
★ **Friends come, friends go.** 친구가 오고, 친구가 가요.
★ **Snow comes, snow goes.** 눈이 오고, 눈이 녹아요.

영어 UP
★ **My buttons, my buttons, my four groovy buttons.** 내 단추들, 내 단추들, 내 멋진 단추 네 개!

하브루타
What is your favorite thing to wear? Why do you like it?
가장 좋아하는 옷은 무엇이니? 왜 좋아하니?

October
19

감정 성장

It wasn't always this way.

항상 이랬던 것은 아니었어.

The Sour Grape_Jory John & Pete Oswald ★★

시큼한 포도는 누구 하나 마음에 드는 사람 없이 늘 시큰둥했어요. 그런데 그거 아세요? 처음부터 그런 게 아니에요. 시큼한 포도도 가족이랑 친구들이랑 함께 행복하게 사는 착한 아이였답니다. 그런데 왜 시큰둥해졌을까요?

표현 연습
★ **I wasn't always this bad.**
내가 항상 이렇게 나빴던 건 아니에요.

영어 UP
★ **I still get upset from time to time.**
여전히 때때로 화가 나기도 해요.

하브 루타
Have you ever tried to change the way you act?
네가 하는 행동을 바꿔 보려고 한 적 있니?

March
12

자존감
공동체

They were all the same.

모두 똑같았어.

The Hueys in the New Jumper _Oliver Jeffers ★★

모두 똑같은 모습을 하고, 똑같은 행동을 하며 사는 휴이들.
그들은 모두가 똑같다는 것에서 안정감을 느꼈어요.
어느 날, 루퍼트가 새로운 옷을 만들어 입고
나타나기 전까지는요. 다른 휴이들은 어떤 반응을
보일까요? 각자의 개성에 대한 유쾌한 이야기입니다.

표현 연습

★ **We are all the same.** 우리는 모두 똑같아요.
★ **We are all different.** 우리는 모두 달라요.

영어 UP

★ **Rupert stood out.** 루퍼트는 눈에 띄었어요.
★ **Rupert drew attention.** 루퍼트는 주목을 받았어요.

하브 루타

Do you like being the same as your friends, or being different? 너는 친구들과 같은 게 좋니, 아니면 다른 게 좋니?

October
18

다양성
문화

We're best friends.

우리는 가장 친한 친구야.

Same, Same, But Different _ Jenny Sue Kostecki-Shaw ★★

미국에 사는 엘리엇과 인도에 사는 카일라시는 편지를 주고받았어요. 사는 나라도 생활 방식도 가족 구성원도 다르지만, 공통점을 발견하게 되지요.
둘 다 나무 타기를 좋아하고, 애완동물을 키우거든요.
서로 닮은 점이 많다는 걸 깨닫고 좋은 친구가 되어 갑니다.

표현 연습
★ **We're good friends.** 우리는 좋은 친구예요.
★ **We're close friends.** 우리는 친한 친구예요.

영어 UP
★ **I love to climb trees.** 나는 나무 타는 걸 정말 좋아해요.
★ **I have pets.** 나는 애완동물을 길러요.

Why do you think they say same, same but different?
왜 친구들이 같지만 다르다고 말했을까요?

March
13

용기
자존감

Go ahead, be you.

자신 있게, 네가 되렴.

Be You! _Peter H. Reynolds ★★

모든 아이가 얼마나 특별한지 일깨워 주는 행복한 책이에요.
인내심과 끈기, 그리고 진실함을 잃지 마세요.
세상에는 오직 하나뿐인 바로 당신이 있으니까요.
개성을 나타내는 멋진 표현들을 공감하며
배울 수 있는 책이랍니다.

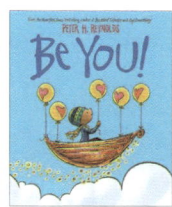

표현 연습
★ **Be curious.** 호기심을 가지렴.
★ **Be persistant.** 인내를 가지렴.

영어 UP
★ **Be just the way you are.**
있는 그대로의 네가 되렴.

하브루타
What's something unique about you that you're proud of?
너에 대해 자랑스러운 특별한 점이 무엇이니?

October
17

There is a big umbrella.

큰 우산 하나가 있어.

다양성
포용

The Big Umbrella _ Amy June Bates & Juniper Bates ★★

아주 큰 우산이 있어요. 이 우산에는 누구나 들어올 수 있지요. 키가 커도, 털이 많아도, 다리가 몇 개라도 상관없습니다. 여러 부류의 사람들이 함께 모여 서로를 배려하고, 다름을 받아들이는 모습이 유쾌하게 그려집니다. 공유와 포용, 그리고 함께 사는 세상에 대한 이야기입니다.

표현 연습
★ **There is a rainbow in the sky.** 하늘에 무지개가 있어요.
★ **There is a ball under the chair.** 의자 밑에 공이 있어요.

영어 UP
★ **It doesn't matter if it rains.**
비가 와도 상관없어요.

하브 루타
If it rains, who would you share your umbrella with?
비가 오면 누구랑 우산을 나누고 싶어?

March 14

우정
운율

No longer alone.

더 이상 혼자가 아니야.

Stick and Stone _ Beth Ferry & Tom Lichtenheld ★

나뭇가지와 돌멩이가 우정을 쌓아 가는 이야기예요.
운율감 있는 글로 친절과 연민을 전하지요.
나뭇가지가 곤경의 돌멩이를 구해 주며 둘은 친구가 됩니다.
이번엔 반대로 돌멩이가 나뭇가지를 도울 차례!
따뜻한 마음을 담은 유쾌한 그림책입니다.

표현 연습
★ **The dog is no longer alone.**
그 개는 더 이상 혼자가 아니에요.

영어 UP
★ **A friendship has grown.**
우정이 자라나요.

하브 루타
If your friend needs help, what would you do?
친구에게 도움이 필요하면 어떻게 하겠니?

October 16

Let's glue and screw.

풀로 붙이고 나사로 고정하자.

우정 성장

Bonaparte Falls Apart _ Margery Cuyler & Will Terry ★★

뼈가 잘 빠지는 주인공은 학교에서 친구들에게 놀림을 받지 않을까 걱정이 많아요. 친구들도 도울 방법을 생각하지만, 쉽지 않네요. 나의 단점을 장점으로 승화시켜 학교에서 잘 적응해 나가는 이야기입니다.
10월 핼러윈에 어울리는 몬스터 친구들을 보는 재미도 있지요.

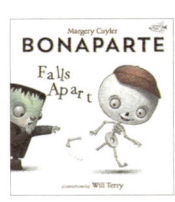

표현 연습

★ **I glued the pieces together.**
나는 조각들을 풀로 붙였어요.

영어 UP

★ **They ran after the dog.** 그들은 그 개를 뒤쫓아 달렸어요.
★ **Jaw-dropping sensation** 턱이 빠질 만큼 놀라운 일.

What is something about you that you like now, but didn't before? 전에는 싫었지만 지금은 좋아하게 된 네 모습이 있니?

March
15

우정 유머

Should I share my ice cream?

내 아이스크림을 나눠 주어야 할까?

Should I Share My Ice Cream?(Elephant and Piggie) _Mo Willems ★

제럴드와 피기는 단짝 친구예요.
어느 날, 제럴드는 아이스크림 때문에 고민에 빠집니다.
피기와 나눌지, 혼자 먹을지 망설이는 제럴드!
과연 그의 선택은 무엇이었을까요?
Mo Willems의 유명한 시리즈 그림책입니다.

표현연습

★ **Should I share my cake?** 내 케이크를 나눠 줘야 할까요?
★ **Should I share my apple?** 내 사과를 나눠 줘야 할까요?

영어 UP

★ **Would you like some of my ice cream?**
내 아이스크림 좀 먹을래?

하브루타

Who would you share your favorite thing with?
네가 가장 좋아하는 걸 누구랑 나누고 싶니?

October
15

건강 일상

They make you ill.
너를 아프게 만든다.

I Don't Want to Wash My Hands! _Tony Ross ★★

공주님은 손 씻기를 싫어해요. 엄마는 계속 손을 씻으라고 하지만, 공주님은 도대체 왜 손을 씻어야 하냐고 물어봅니다. 10월 15일은 '세계 손 씻기의 날'입니다. 여러분은 손을 얼마나 잘 씻고 있나요? 자신의 손 씻기 습관을 돌아보며 책을 읽어 보세요.

 표현 연습
- ★ **They make you happy.** 그들은 너를 행복하게 한단다.
- ★ **He makes you laugh.** 그는 너를 웃게 만든단다.

영어 UP
- ★ **I wash my hands after playing outside.**
  나는 밖에서 놀고 난 다음에는 손을 씻어요.

 **하브 루타**
Why do we have to wash our hands?
우리는 왜 손을 씻어야 할까?

March 16

유머 / 우정

Would you be my friend?

내 친구가 되어 줄래?

I Just Ate My Friend_Heidi McKinnon ⭐

실수로 친구를 먹어 버린 몬스터는 새 친구를 찾아 나섭니다. 다양한 생명체에게 다가가지만 크기, 모습, 성격 등의 이유로 거절당하며 슬퍼합니다. 결국 자신과 비슷한 몬스터 친구를 만나 희망을 갖지만, 예상치 못한 반전의 결말이 독자들에게 놀라움과 웃음을 선사합니다.

표현 연습
★ **Woud you be my helper?** 나의 도우미가 되어 줄래?
★ **Would you be my partner?** 내 짝꿍이 되어 줄래?

영어 UP
★ **Never mind.** 신경 쓰지 마.
★ **I'll be your friend.** 내가 네 친구가 되어 줄게.

하브 루타
Have you ever felt lonely like the monster?
몬스터처럼 외로움을 느낀 적 있니?

October 14

포용
다양성

Look at your skin.
네 피부를 보렴.

The Skin You Live In _ Michael Tyler & David Lee Csicsko ★★

간단한 운율과 리듬감 넘치는 문장으로, 다양성, 자존감, 사회적 포용의 가치를 쉽게 전달하는 그림책입니다. 세상 모든 피부색이 아름답고, 우리는 다 다르지만 똑같이 소중한 존재라는 메시지를 담은 따뜻한 이야기, 함께 만나러 가 볼까요?

표현 연습
★ **Look at your hands.** 네 손을 보렴.
★ **Look at your eyes.** 네 눈을 보렴.

영어 UP
★ **The skin you live in, the skin that you play in.**
네가 살아가는 피부, 네가 신나게 뛰노는 그 피부.

하브루타
Why is it important to accept and celebrate differences?
서로의 다름을 받아들이고 축하하는 것이 왜 중요할까?

March
17

유머
우정

Do you want to play spies?
스파이 놀이 할까?

We Are (Not) Friends_ Anna Kang & Christopher Weyant ★

털북숭이 두 친구가 신나게 놀고 있는데, 새로운 친구가 들어옵니다. 친구가 셋이 되면서 각각은 소외감을 느끼기도 하지요. 셋에서 즐겁게 함께 노는 방법이 없을까요? 사랑스러운 캐릭터들이 유머와 진심을 담아 우정의 삼각관계를 헤쳐 나가는 이야기입니다.

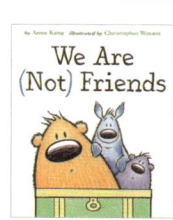

표현
연습

★ **Do you want to play catch?** 캐치볼 할까?
★ **Do you want to play outside?** 밖에서 놀래?

영어
UP

★ **Let's play dinosaur hunters.** 공룡 사냥꾼 놀이하자.
★ **I'm in!** 나도 할래!

하브
루타

What's your favorite game to play with your friends?
친구들이랑 놀이할 때 어떤 놀이가 가장 재미있니?

October 13

다양성
상상력

Black is a wonderful color.

검은색은 멋진 색이야.

Black: The Many Wonders of My World _Nancy Johnson James & Constance Moore ★★

검은색이 부정적인 의미로 사용되는 고정관념을 깨고,
세상 속 검은색의 아름다움을 발견하게 해 주는
이야기입니다. 색깔의 다양성을 존중하고,
모든 색이 가진 소중함을 배울 수 있는 그림책!
함께 읽으며 검은색이 가진 마법 같은 매력을 느껴 볼까요?

표현 연습
- ★ **Red is a bright color.** 빨간색은 밝은 색이에요.
- ★ **Yellow is a happy color.** 노란색은 행복한 색이에요.

영어 UP
- ★ **Some people think black is scary or sad.**
  어떤 사람들은 검은색이 무섭거나 슬프다고 생각해요.

하브루타
What are some beautiful things that are black?
검은색을 가진 아름다운 것들은 어떤 게 있을까?

March 18

우정 / 용기

A friend to play with?

같이 놀 친구?

How to Make a Friend _ Stephen W. Martin & Olivia Aserr ★★

친구 사귀는 법, 친구와 하는 놀이, 친구의 친구를 만났을 때, 나쁜 친구를 만났을 때 등 친구 관계에서 일어날 수 있는 일들을 로봇 친구와 함께 생각해 봅니다. '어떤 우정은 잘 되지 않아.'처럼 현실적인 조언도 해 주는 현장감 넘치는 책입니다.

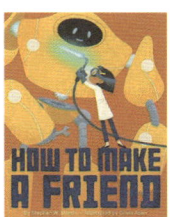

표현 연습

★ **A friend to talk to?**
이야기할 친구?

영어 UP

★ **Make sure you tell a grown-up.**
꼭 어른들에게 말해야 해요.

What does it mean to be a good friend?
좋은 친구가 된다는 건 어떤 것일까?

October
12

다양성
세계시민

My mama's brown is chocolate.

우리 엄마의 갈색은 초콜릿 같아.

Brown : The Many Shades of Love _Nancy Johnson James & Constance Moore ⭐⭐

다양한 피부색을 존중하고 가족의 따뜻한 사랑을
느낄 수 있는 이야기입니다. 피부색은 모두 다르지만,
사랑으로 연결된 가족! 함께 읽으며 다양한 것이
얼마나 아름다운 것인지 발견해 볼까요?
다문화에 대한 존중과 배려를 배울 수 있는 그림책입니다.

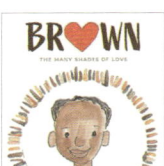

표현
연습

★ **My brown is gingerbread.**
내 갈색은 진저브레드 같아요.

영어
UP

★ **We're different and same.**
우리는 다르면서도 같아요.

하브
루타

How are you similar to your family? How are you different?
네가 너의 가족과 닮은 점과 다른 점은 무엇일까?

March
19

축제 숫자

There's magic.
마법이 있어요.

Ten Lucky Leprechauns_ Kathryn Heling, Deborah Hembrook & Jay Johnson ★

영미권에서는 3월에 '성 패트릭 데이'라는 축제가 있습니다. 아일랜드 전통 축제였지만 지금은 많은 나라에서 즐기고 있어요. 성 패트릭 데이에 초록색 옷을 입은 레프러콘이라는 요정을 찾으면 금화와 행운을 얻는다고 해요! 여러분도 한번 찾아보세요.

표현 연습
★ **There's a surprise.** 깜짝 선물이 있어요.
★ **There's a guest.** 손님이 있어요.

영어 UP
★ **Mom finds a bag.** 엄마가 가방을 찾고 있어요.
★ **They find coins.** 그들은 동전을 찾고 있어요.

하브루타
What was the lucky thing you found today?
오늘 네가 찾은 행운은 무엇이니?

October 11

자존감 성장

My eyes are just like Mama's.

내 눈은 엄마의 눈과 똑같아.

Eyes That Kiss in the Corners _ Joanna Ho & Dung Ho ★★★

나만의 아름다움을 발견하는 감동적인 이야기입니다.
자신의 외모를 있는 그대로 사랑하는 법을 배우고,
가족의 유산을 소중히 여기는 따뜻한 그림책이지요.
나만의 특별한 아름다움을 발견하고,
나를 더욱 사랑하는 여정을 함께 떠나 볼까요?

표현 연습
★ **My smile looks just like Grandma's.**
내 미소는 할머니의 미소와 똑같아요

영어 UP
★ **Her eyes tell me I'm a miracle.**
그녀의 눈은 내가 기적이라고 말해 주고 있어요.

하브 루타
What makes your eyes, face, or body special?
네 눈, 얼굴, 또는 몸 중에서 특별한 점은 무엇일까?

March 20

도형 다양성

Come and play with us!
와서 우리랑 놀자.

The Perfect Fit _ Naomi Jones & James Jones ★

여러 도형 친구들과 재미있게 지내던 세모. 마침내 자기와 똑같은 세모 친구들을 찾게 되었지만 기쁨은 잠시였어요. 모두 각자 다른 모양의 친구들과 함께일 때 가장 재미있고, 다채로운 것들을 만들 수 있다는 걸 깨닫게 되지요. 다양성의 소중함을 생각하게 하는 이야기예요.

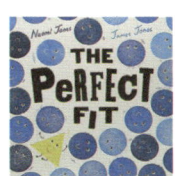

표현 연습
★ **Come and see.** 와서 봐 봐.
★ **Come and join the fun.** 와서 함께 즐기자.

영어 UP
★ **They played all sorts of games.**
그들은 온갖 게임을 즐겼어요.

하브 루타
What are some good things about being different?
다르기 때문에 좋은 것들은 어떤 것이 있을까?

October
10

다양성
자존감

The jungle became filled with the sound of laughter.
정글이 웃음소리로 가득 찼어.

Elmer's Special Day_David McKee ★★

무지개색의 코끼리 엘머가 자신의 색깔을 자랑스럽게 생각하고, 자기 자신을 있는 그대로 받아들이는 이야기입니다. 엘머는 처음에 자신의 특별함을 다른 이들이 어떻게 볼지 걱정하지만, 결국 자신만의 개성을 자랑스럽게 느끼게 되지요.

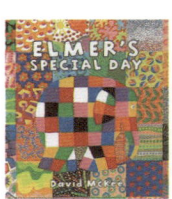

표현연습
★ **The garden became filled with colorful flowers.** 정원이 알록달록한 꽃들로 가득 찼어요.

영어 UP
★ **I wonder how the others are getting on?**
다른 친구들은 어떻게 지낼까요?

하브루타
When is a special day for you?
너한테 특별한 날은 언제야?

March
21

창의
협동

Shall we try?

우리 함께 해 볼까?

One More Try _Naomi Jones & James Jones ★★

세모가 주인공인《The Perfect Fit》의 후속작으로,
이 책은 동그라미가 주인공입니다.
다른 친구들처럼 멋지게 탑을 쌓고 싶지만
자꾸 굴러가기만 하는 동그라미. 무슨 좋은 방법이
없을까요? 친구와의 어울림과 협동에 대해 생각해 보세요.

표현 연습

★ **Let's go to the park, shall we?** 공원에 가자, 어때?
★ **Shall we try to read again?** 한번 더 읽어 볼까?

영어 UP

★ **Can we build a tower again?** 우리 다시 탑 쌓아도 될까?
★ **We can try anything!** 우린 뭐든지 해 볼 수 있어!

하브 루타

What can you build with these shapes?
이 도형들로 무엇을 만들 수 있을까?

October 09

다양성 포용

Otto may act differently from other kids.

오토는 다른 아이들과는 다르게 행동하곤 해.

My Brother Otto _ Meg Raby & Elisa Pallmer ★★

내 동생 오토는 조금 특별해요. 항상 노란 옷만 입고, 마음에 안 들 때면 엄마 어깨를 찌른답니다. 엄마는 오토가 화를 표현하는 방법이라고 설명해요. 오토는 조금 다르지만 보통 아이들과 마찬가지로 놀기를 가장 좋아하는 사랑스러운 아이랍니다.

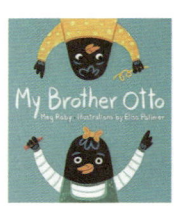

표현 연습
★ **Jamie may act differently from his classmates.**
제이미는 반 친구들과 다르게 행동하기도 해요.

영어 UP
★ **Mom and Dad tuck us in bed.**
엄마 아빠가 우리를 침대에서 재워 줘요.

하브 루타
If Otto were your little brother, how would you respond?
오토가 네 동생이라면 너는 어떻게 하겠니?

March
22

나눔
유머

This doesn't feel fair.

공평한 것 같지 않아.

Fair Shares _ Pippa Goodhart & Anna Doherty ★★

배를 따기 위해 키 작은 토끼와 덩치 큰 곰이 힘을 모아요.
그런데 몸집 차이로 뭔가 불공평해 보여요.
진정한 '공평함'과 '공정'이란 무엇일까요?
지나가던 딱정벌레에게 배우게 됩니다.
유머 넘치는 이야기를 통해 나눔의 의미를 생각해 보세요.

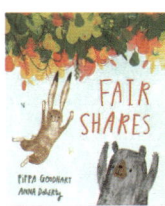

표현 연습

★ **I don't feel ready.** 난 준비가 안 된 것 같아요.
★ **He doesn't feel well.** 그는 몸이 안 좋아요.

영어 UP

★ **I will be able to reach them easily.**
난 쉽게 그것들에 닿을 수 있을 거예요.

하브루타

Have you ever felt like something wasn't fair?
뭔가 공평하지 않다고 느낀 적이 있었니?

October
08

다양성
포용

Smiles are the same.
미소는 모두 같단다.

Whoever You Are _ Mem Fox & Leslie Staub ★★

우리는 각자 생김새와 사는 곳, 쓰는 말이 다를 수 있어요.
하지만 마음은 모두 비슷하지요.
세상 어디서든 기쁨과 아픔, 사랑을 느끼는 우리의
마음은 같다는 이야기를 전하고 있습니다.
문화 상대성과 포용에 대한 긍정적인 생각을 갖게 합니다.

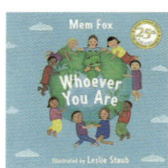

표현 연습
★ **Hearts are the same.** 마음은 같아요.
★ **Joys are the same.** 기쁨은 같아요.

영어 UP
★ **They laugh just like you.** 그들도 너처럼 웃어.
★ **They cry like you.** 그들도 너처럼 울어.

하브루타
What is something that is the same for all children in the world? 세상 모든 아이들의 같은 점은 뭐가 있을까?

March
23

자존감
용기

I promise to dream big.

꿈을 크게 가질 것을 약속할게.

I Promise _ LeBron James & Niña Mata ★★

'나는 이렇게 살아갈게요!'
세상 모두를 흐뭇하게 만드는 어린이들의 다짐이에요.
특히 이 책은 NBA 출신 슈퍼스타 LeBron James가
쓴 책으로 유명하지요.
불우했던 유년 시절에 희망을 찾은 이야기라 더욱 추천할 만해요.

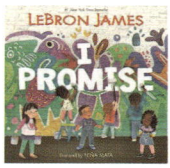

표현
연습

★ **I promise to work hard.**
나는 열심히 할 것을 약속해요.

영어
UP

★ **I promise to remain strong yet humble.**
나는 강하면서도 겸손함을 잃지 않을 것을 약속해요.

하브
루타

What can you promise to yourself to be you?
너를 위해 스스로에게 어떤 걸 약속할 수 있니?

October 07

Your dog speaks French!

너의 개가 불어를 할 수 있네!

다양성 포용

Say Hello!_Rachel Isadora ★★★

카멜리타는 할머니 댁에 가는 길에 언어와 문화가 다른
다양한 이웃을 만납니다. 그들과 스페인어, 프랑스어,
일본어 등 여러 언어로 인사를 나누지요.
그리고 강아지 매니도 '멍멍'하고 인사를 나누네요.
인사도 다르고 모습이 달라도 모두 소중한 이웃입니다.

표현 연습

★ **Your dog speaks Japanese.**
너의 개가 일어를 할 수 있네.

영어 UP

★ **They meet Joseph and his parents.**
그들은 조셉과 부모님을 만나요.

Can you say 'hello' in any other language?
다른 언어로 '안녕'이라고 할 수 있어?

March
24

All these things make people laugh.

이 모든 것들이 사람들을 웃게 했지.

Mr. Funny's Red Nose Day_ Roger Hargreaves ★★★

문화
유머

절대 웃지 않는 그럼피 아저씨를 웃기기 위해 퍼니 아저씨는 어떤 행동을 할까요? 영국에는 매년 3월 셋째 주 금요일에 '빨간 코의 날'이 있어요. 빨간 코를 착용하거나 우스꽝스러운 행동으로 기부에 동참할 수 있답니다. 웃음과 나눔의 의미를 재미있게 전해요.

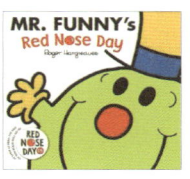

표현 연습

★ **Mr. Funny makes people laugh.**
퍼니 아저씨는 사람들을 웃게 만들어요.

영어 UP

★ **Not even a flicker of a smile appears on his face.** 그의 얼굴에는 미소 한 점도 비치지 않았어요.

하브 루타

How can you make others laugh?
어떻게 하면 다른 사람들을 웃게 할 수 있을까?

October
06

자존감
포용

Where are you from?
너는 어디에서 왔니?

Where Are You From?_Yamile Saied Méndez & Jaime Kim ★★

자신을 긍정하고, 뿌리를 소중히 여기는 법을
가르쳐 주는 책입니다. "나는 누구인가?"라는 질문에 대한
따뜻한 답을 선물해 주지요. 다양성을 존중하고,
모든 아이들이 자신의 정체성을 사랑하도록 돕는
아름다운 이야기를 함께 읽어 볼까요?

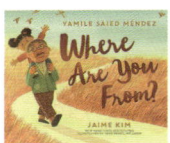

표현
연습

★ **Where is she from?** 그녀는 어디에서 왔어요?
★ **Where is this book from?** 이 책은 어디에서 왔나요?

영어
UP

★ **You are from the mountain so high.**
너는 하늘에 닿을 듯한 높은 산에서 왔단다.

하브
루타

How would you answer if someone asked, Where are you from? 누군가 "넌 어디에서 왔니?"라고 물으면 어떻게 대답할까?

March
25

자존감
다양성

He stood out.

그는 눈에 띄었어.

Exclamation Mark_Amy Krouse Rosenthal & Tom Lichtenheld ★★

동그라미 친구들 사이에서 몹시 눈에 띄는 느낌표!
나만 왜 다르게 생겼을까 고민하지만
결국 자기의 쓰임과 자기만의 색을 찾아내는
성장기입니다. 대담하고 시각적으로 아름다운 이 책에서,
다르다는 게 얼마나 신나는 일인지 깨닫게 됩니다.

표현 연습

★ **He stood out here.** 여기서도 눈에 띄었어.
★ **His idea really stands out.** 그의 아이디어는 정말 돋보여.

영어 UP

★ **He didn't know he had it in him.**
그는 자기에게 그런 능력이 있는 줄 몰랐어요.

하브루타

Do you want to stand out from others? Why or why not?
다른 사람보다 돋보이고 싶니? 이유는?

October 05

How many can you spot?

도형 탐구

몇 개를 찾을 수 있니?

Nom nom shapes!_ Forrest Everett ★★

이 세상 모든 것은 다양한 모양으로 만들어졌어요.
동그라미는 팬케이크나 달걀, 오렌지를 닮았고요.
토스트나 조각 케이크는 세모 모양으로 생겼어요.
네모 모양으로 생긴 물건에는 어떤 것들이 있을까요?
또 다른 물건들은 어떤 모양으로 만들어졌을까요?

표현 연습
★ **How many can you find?** 몇 개를 찾을 수 있나요?
★ **How many can you count?** 몇 개를 셀 수 있나요?

영어 UP
★ **You're so smart.** 너는 참 똑똑하구나.
★ **You're so thoughtful.** 너는 배려심이 참 깊구나.

하브루타
What shapes can you spot from the table today?
오늘 식탁에서 어떤 모양을 볼 수 있니?

March
26

우정
모험

Once there was a boy.

옛날에 한 소년이 있었어.

Lost and Found_Oliver Jeffers ★★

어느 날, 소년의 집 앞에 길 잃은 펭귄이 나타났어요.
펭귄을 고향으로 데려다주기 위해 소년은 작은 배를 타고
긴 여정을 떠납니다. 폭풍우와 어두운 밤을 견디며
마침내 남극에 도착하지만, 둘은 행복하지 않아요.
그 이유는 무엇일까요? 펭귄이 정말 길을 잃었던 걸까요?

표현연습
- ★ **Once there was a girl.** 옛날에 소녀가 있었어요.
- ★ **Once there was a dragon.** 옛날에 용이 있었어요.

영어 UP
- ★ **He didn't know.**
  그는 알지 못했어요.

하브루타
What can you do if you don't know how to help your friend?
친구를 어떻게 도와줘야 할지 모른다면, 어떻게 하겠니?

October
04

가족
사랑

There was one little baby.

아기 한 명이 있었어.

Ten Little Fingers and Ten Little Toes _Mem Fox & Helen Oxenbury ★★

세상 곳곳에서 태어난 아기들, 하지만 모두에게는
공통점이 있어요! 손가락 열 개, 발가락 열 개지요.
따뜻하고 섬세한 그림은 단순하면서도 감정을 풍부하게
담아, 아기들의 표정과 일상을 사랑스럽게 보여 줍니다.
엄마와 아이의 따뜻한 유대감이 아름답게 그려져 있어요.

표현 연습
★ **There was one little child.**
작은 아이 한 명이 있었어요.

영어 UP
★ **The baby was born in a hospital.**
아기는 병원에서 태어났어요.

하브루타
What do you think is the same about all babies?
모든 아기들에게 똑같은 점은 뭐라고 생각해?

March
27

감성 배려

It's true.
그건 사실이야.

The Bad Seed _ Jory John & Pete Oswald ★★★

여기 정말 '나쁜 씨앗'이 있어요!
이 씨앗은 쉽게 화를 내고, 예의도 없으며,
태도까지 엉망이라 자신이 기억하는 한 항상
'나쁜 씨앗'이었죠. 하지만 이 씨앗도 변할 수 있을까요?
과연 이 나쁜 씨앗은 어떤 놀라운 변화를 보여 줄 수 있을까요?

표현 연습
★ **It's real.** 그건 진짜야.
★ **It's funny.** 그거 웃기다.

영어 UP
★ **I am ready to be happy.** 난 행복해질 준비가 되어 있어요.
★ **I am ready to play.** 나는 놀 준비가 되어 있어요.

하브루타
Have you been kind to anyone recently?
최근에 누군가에게 친절을 베푼 적이 있니?

October
03

유머
상상력

We have a plan.

우리에겐 계획이 있지.

Shh! We Have a Plan _Chris Haughton ★

네 친구가 숲을 살금살금 지나가다가 아름다운 새
한 마리를 발견합니다. 안녕, 새야. 한 명이 손을 흔들자
쉿! 조용히 해요! 우리에게는 계획이 있단 말이에요!
과연 무슨 계획일까요? 즐거운 모험 이야기에
긴장감과 유머가 흐르고, 반복되는 문장이 흥미롭습니다.

표현 연습
- ★ **We have a dream.** 우리에겐 꿈이 있어요.
- ★ **He has a secret.** 그에게는 비밀이 있어요.

영어 UP
- ★ **Now stop.** 이제 멈춰.
- ★ **Now start.** 이제 시작해.

하브루타
When you do something, do you make a plan?
무엇을 할 때 계획을 세우니?

March
28

다양성
자존감

The water felt fine.
물이 딱 알맞게 좋았어.

Oddbird_Derek Desierto ★★

수영장 옆에서 저마다의 색을 뽐내고 있던 새들.
그 사이로 지나가는 회색빛의 오드버드(Oddbird)를
무시하네요. 하지만 얼마든지 꾸밀 수 있는 겉모습은
진짜 모습이 아니죠. 오드버드 덕분에 새들은 '진짜 재미'가
어떤 것인지 알게 됩니다.

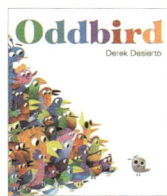

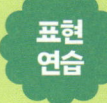
표현연습
★ **I feel good today.** 오늘은 기분이 좋아요.
★ **The air felt cold.** 공기가 차게 느껴져요.

영어 UP
★ **He was excited to finally cool off.**
마침내 시원해질 수 있어서 신이 났어요.

하브루타
Is it a problem to be different from others?
다른 사람들과 다르다는 것이 문제일까?

October
02

자존감 계절

It's time for you to doze.

이제 눈을 붙일 시간이야.

You're My Little Pumpkin Pie_Nicola Edwards & Natalie Marshall ★★

10월의 핼러윈을 상징하는 호박, 유령 등이
주인공인 책입니다. 이들은 모두 다른 친구들이지만,
각자 사랑받는, 가장 특별한 존재이지요!
우리 어린이들처럼요. 달콤하고 운율감 넘치는
이야기를 읽으며 부모님과 아이들의 사랑을 확인하세요.

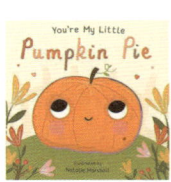

표현 연습

★ **It's time for you to wake up.**
이제 일어날 시간이에요.

영어 UP

★ **Warm even on the coldest night.**
가장 추운 밤조차도 따뜻해요.

하브 루타

How did the book make you feel?
이 책을 읽고 어떤 기분이 들었어?

March 29

자존감 성장

I can make big dots, too.

큰 점들도 만들 수 있어.

The Dot _Peter H. Reynolds ★ ★ ★

미술 시간, 바시티는 하얀 종이 앞에서 꼼짝도
하지 않습니다. 선생님은 "그냥 점 하나 찍어 봐.
그 점이 널 어디로 데려갈지 보자!"라고 격려합니다.
화가 난 바시티는 종이에 힘껏 점 하나를 찍었고,
그 작은 점이 놀라운 창의력과 자기 발견의 여정을 시작하게 합니다.

표현 연습
★ **I can make small stars, too.**
나는 작은 별들도 만들 수 있어요.

영어 UP
★ **Just make a mark.** 그냥 표시 하나 해 봐.
★ **Just take a step.** 그냥 한 걸음 내디뎌 봐.

하브 루타
What do you think you can create from just a dot?
점 하나로 어떤 것을 만들 수 있을까?

October
01

가족 성장

Something magical happened.

뭔가 마법 같은 일이 생겼어.

Maple_Lori Nichols ★★

메이플은, 엄마 아빠가 주인공이 아주 작은 씨앗이었을 때
지어 준 이름이에요. 이때 단풍나무도 함께 심었대요.
그래서 메이플은 자기의 이름을 좋아했답니다.
나무가 자라고 메이플도 자랐어요.
메이플은 나무를 좋아했어요. 메이플의 성장 이야기를 만나 보세요.

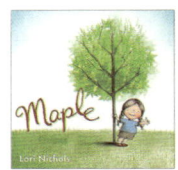

표현 연습

★ **Something wonderful happened.**
뭔가 멋진 일이 생겼어요.

영어 UP

★ **Pretend to be a tree.** 나무인 척해 봐요.
★ **Pretend to be a grown-up.** 어른인 척해 봐요.

하브 루타

What do you think Maple liked most about her tree?
메이플이 나무를 좋아한 이유는 무엇일까?

March
30

자존감
우정

Can you see Brian?
브라이언이 보이니?

The Invisible Boy_Trudy Ludwig & Patrice Barton ★★★

브라이언은 반에서 잘 눈에 띄지 않는 '보이지 않는 아이'예요.
아무도 그를 주목하지 않고, 놀이에도 불러 주지 않지요.
하지만 새로 전학 온 저스틴과 친구가 되면서,
브라이언은 점점 자신의 빛을 드러내기 시작해요.
브라이언은 어떻게 반짝이게 되었을까요?

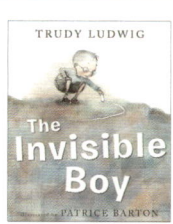

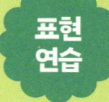
표현연습
★ **Can you see the moon?** 달이 보이나요?
★ **Can you see the cat?** 고양이가 보이나요?

영어 UP
★ **Only Brian is left, still waiting and hoping.**
브라이언만 남아 있어요, 여전히 기다리고 희망하면서.

하브루타
Have you ever felt invisible like Brian?
너도 브라이언처럼 투명인간 같다고 느낀 적이 있니?

10월

October

다양성·문화
Diversity·Cultures

단풍잎 색깔이 형형색색 다른 것처럼,
이 세상은 정말 다양한 모습으로
이루어져 있어요.

내가 사는 곳과 다른 세계는 어떻게 이루어졌는지,
다른 사람들은
어떤 모습으로 살아가는지 알아보아요.

다른 언어, 다른 피부색, 다른 외모,
다른 성격, 다른 생활습관…
이 모든 것은 우리가 살아가는 데
전혀 장애물이 되지 않으니까요.

March 31

자존감 도전

Just in Time!

시간에 딱 맞췄어!

A Wild Walk to School_Rebecca Cobb ★★★

학교 가는 길이 너무 어려워요. 돌길도 지나야 하고
그림자 가득한 길도 지나야 합니다. 거인도 만나고
용도 나타나요. 멀고 험한 길을 통과해
드디어 도착한 학교. 이곳에서 어떤 일이 벌어질까요?
우리도 책 속 주인공처럼 학교 가는 길을 마음껏 상상해 볼까요?

표현연습
★ **Just in time for dinner!**
저녁식사 시간에 딱 맞췄어!

영어 UP
★ **Today is a school day.** 오늘은 학교 가는 날이에요.
★ **Today is a sports day.** 오늘은 운동회 날이에요.
* 미국에서는 운동회를 field day라고 해요.

하브루타
How would you describe your way to school?
네가 학교에 가는 길을 묘사해 보겠니?

September
30

The moon got smaller and smaller.

달이 점점 작아졌어.

Papa, Please Get the Moon for Me _Eric Carle ★★

달을 따 달라고 하는 아이. 그리고 그 달을 따기 위해 무엇이든 다 하는 아빠. 달을 따러 가는 것은 단순히 달을 따기 위한 것이 아닌, 달처럼 커다란 아빠의 사랑을 보여 주는 것이겠죠? 아빠의 큰 사랑에 깊이 감동할 수밖에 없는 사랑스러운 이야기입니다.

가족 사랑

표현 연습

★ **The cake got smaller and smaller.**
케이크가 점점 작아졌어요.

영어 UP

★ **I wish I could play with the moon.**
달과 함께 놀수 있으면 좋겠어요.

하브 루타

How can you get the moon?
어떻게 달을 따올 수 있을까?

4월

April

봄·자연
Spring·Nature

파릇파릇 새싹이 돋고, 꽃이 피는 봄이 왔어요!
봄과 관련된 다양한 그림책을 보며
봄이 품은 표현들을 알아보아요.

민들레꽃 씨와 함께
저 멀리 남태평양에서 아프리카까지 여행도 해 보고,
나무를 심어 지구를 푸르게 만들어요.

영미권의 대표적인 봄 행사인 부활절 달걀 찾기를 하며,
이스터 버니와 함께 봄을 찾아보는 것도
즐겁게 봄을 맞이하는 방법이랍니다.

September 29

상상력
유머

Please don't turn the page.

책장을 넘기지 말아 줘.

Do Not Open This Book _ Andy Lee ★★★

이 책을 절대 열어 보지 말라고 신신당부합니다.
그 이유가 뭘까요?
책을 열어 보지 말라고 하니 더 열어 보고 싶지 않나요?
책을 열면 어떤 일이 벌어질지, 한번 같이 볼까요?
책에 대한 흥미를 자극하는 이야기입니다.

표현 연습

★ **Please don't turn the TV on.**
TV를 켜지 말아 줘요.

영어 UP

★ **You did it again!** 네가 또 했잖아!
★ **You ate it again!** 네가 또 먹었잖아!

하브루타

Before you turn a page of a book, what do you imagine?
책장을 넘기기 전 어떤 상상을 하니?

April 01

기념일 유머

What a hullabaloo!
이게 웬 소동이야!

April Foolishness_Teresa Bateman & Nadine Bernard Westcott ★★★

할아버지의 농장에 방문한 아이들이 만우절을 맞아
할아버지에게 장난을 치려고 합니다.
그런데 할아버지가 좀처럼 속아 넘어가질 않네요.
할머니도 힘을 합쳐 봅니다. 이들은 과연 장난에 성공할 수 있을까요?
만우절의 의미를 함께 이야기하는 시간을 가져 보세요.

표현 연습
★ **What a mess!** 엉망진창이네!
★ **What a surprise!** 깜짝 놀랐어!

영어 UP
★ **What a crowd!** 사람 엄청 많다!
★ **I'm really quite shaken.** 나는 정말 많이 놀랐어.

하브루타
When was the funniest moment you remember?
가장 웃겼던 순간이 언제였니?

September
28

도전
성장

Keep trying!
계속 시도해 봐!

Madeline Finn and the Library Dog _Lisa Papp ★★★

매들린 핀은 책 읽기가 싫어요. 금빛 별 스티커를 받고
싶지만 소리 내어 읽는 게 어려워요. 그러다 도서관에서
하얀 개 보니에게 책을 읽어 주게 됩니다. 실수해도
괜찮다는 걸 배우며 매들린은 책 읽기의 두려움을
극복해 가지요. 도전 속에서 자신감을 얻고 성장하는 이야기입니다.

표현 연습
★ **Keep reading!** 계속 읽어 봐!
★ **Keep dancing!** 계속 춤을 춰!

영어 UP
★ **Would you like to try?** 한번 해 볼래?
★ **Would you like to read next?** 다음 차례에 읽어 볼래?

하브루타
Have you ever felt nervous like Madeline?
매들린처럼 떨린 적 있어?

April 02

기념일 상상

You can do it anywhere.

어디서든 할 수 있어.

Reading Makes You Feel Good _Todd Parr ★★

책을 읽으면 기분이 좋아져요.
왜냐하면 무서운 공룡이 된 것처럼 상상할 수도 있고,
아픈 친구를 위로해 줄 수도 있고, 어디서든 읽을 수도
있거든요! 4월 2일은 '세계 어린이책의 날'이랍니다.
전 세계 어린이들도 이날 책을 읽으니 우리도 함께 읽어 보아요!

표현 연습

★ **You can do it anytime.** 언제나 할 수 있어요.
★ **You can do it all the time.** 항상 할 수 있어요.

영어 UP

★ **Reading makes you feel good.**
   독서를 하면 기분이 좋아져요.

하브루타

How do you feel when you read a book?
책을 읽으면 기분이 어떠니?

September
27

Once upon a time there was a boy.

옛날에 한 소년이 있었지.

Charlie Cook's Favorite Book _ Julia Donaldson & Axel Scheffler ★★★

책을 사랑하는 사람들을 위한 특별한 이야기입니다.
주인공 찰리 쿡은 해적 이야기를 좋아하고,
해적은 골디락 이야기, 골디락은 기사 이야기를 좋아하지요.
이렇게 꼬리를 물며 '가장 좋아하는 책' 소개가 이어집니다.
여러분은 어떤 이야기를 가장 좋아하나요?

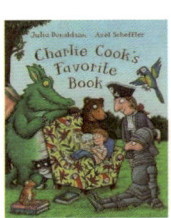

표현 연습
★ **Once upon a time, there was a princess.**
옛날 옛적에 한 공주가 있었어요.

영어 UP
★ **What is more, she's got my favorite book.**
심지어 내가 가장 좋아하는 책도 가지고 있지 뭐예요.

하브루타
What is your favorite book? Why?
네가 가장 좋아하는 책은 뭐야? 왜 좋아해?

독서
상상력

April
03

계절
자연

Spring comes.

봄이 와.

When Spring Comes_Kevin Henkes & Laura Dronzek ★★

겨울철 나무는 앙상하고, 잔디는 메말랐고, 땅은 눈으로 덮여 있습니다. 하지만 봄이 오면 어떻게 변할까요? 잎이 돋고, 꽃이 피고, 풀은 초록이 되며, 눈은 사르르 녹아요. 새들은 노래하고, 봄비에 웅덩이가 생기지요. 봄을 느끼고, 냄새 맡고, 들을 수 있는 책입니다.

표현
연습

★ **Summer comes.** 여름이 와요.
★ **Rain comes.** 비가 와요.

영어
UP

★ **Spring comes with sun and it comes with rain.**
봄은 햇살과 함께 오고, 비와 함께 와요.

하브
루타

What are you waiting for as spring comes?
너는 무엇을 기다리며 봄을 맞이하니?

September
26

계절
성장

You did a great job!
정말 잘했어!

Pete the Cat : Falling for Autumn _ James Dean & Kimberly Dean ★★★

여름에서 가을로 변하는 계절이 처음엔 낯설었던 피트, 하지만 다양한 가을 활동을 하나씩 경험하며 점점 가을의 매력을 발견하게 돼요. 자연을 즐기고 감사하는 법을 배우는 피트의 이야기입니다. 가족과 함께 읽기에 딱 좋은 따뜻한 그림책! 피트와 함께 가을을 만끽해 볼까요?

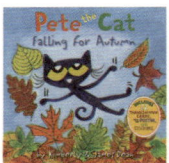

표현 연습
★ **You did a great drawing!** 정말 멋진 그림을 그렸구나.
★ **You did a great dance!** 신나게 춤을 췄구나.

영어 UP
★ **It is the first day of fall, and Pete is feeling blue.** 오늘은 가을의 첫날인데, 피트는 우울한 기분이에요.

하브 루타
What do you think is the best part of autumn?
가을에 가장 좋은 점은 무엇이라고 생각해?

April 04

축제 나눔

Something was in the air.

무언가가 (바람에) 느껴졌어.

Looking for Easter _Dori Chaconas & Margie Moore ★ ★ ★

작은 토끼가 부활절(이스터)을 찾아다녀요. 동물들을 만나 바구니를 만들고 열매를 담으며 부활절을 찾았다고 생각하지요. 그런데 둥지가 필요한 새에게 이 바구니를 주면 어떻게 될까요? 부활절이 사라지는 걸까요? 부활절의 의미를 생각하게 하는 따뜻한 그림책입니다.

표현 연습
★ **What is that smell in the air?** 공기 속 저 냄새는 뭐야?
★ **Love is in the air.** 사랑이 가득한 느낌이야.

영어 UP
★ **Easter is all around us today.**
오늘 부활절 분위기가 가득해.

하브 루타
What did Bunny discover Easter truly meant?
토끼는 부활절의 진짜 의미가 무엇이라고 깨달았나요?

September
25

The world looked brighter.

세상이 더 밝아 보였단다.

Sweep_ Louise Greig & Júlia Sardà ★★★

감정
문제해결

청소를 좋아하는 한 소년이 있었어요. 청소는 그에게 아주 중요한 일이었지만, 어느 날 청소기가 고장 나 버려요. 소년은 그 문제를 해결하려 애쓰지요.
이 책은 어려움에 맞서는 모습을 희망적으로 보여 줍니다. 과연 주인공은 고민을 모두 털어 낼 수 있을까요?

표현연습
★ **The day looked warmer.** 그 날은 더 따뜻해 보였어요.
★ **Mother looked happier.** 엄마는 더 행복해 보였어요.

영어 UP
★ **Ed's bad mood began as something small.**
에드의 나쁜 기분은 아주 작은 것에서 시작됐어요.

하브루타
What does the boy in the story feel like when it's time to sweep? 이야기 속 소년은 청소 시간에 어떤 기분이었을까?

April
05

자연 환경

I planted that tree.
내가 저 나무를 심었어.

A Tree is Nice _ Janice May Udry & Marc Simont ★★

나무 심기를 권장하는 이유가 뭘까요?
그만큼 나무가 하는 중요한 일들이 많아서겠지요.
놀잇감도 되어 주고 그늘과 쉼터도 되어 주고 집을 지켜
주기도 하는 소중한 나무입니다. 나무의 소중함을 간결하지만
휴식 같은 예쁜 그림과 문장으로 담은 책이에요.

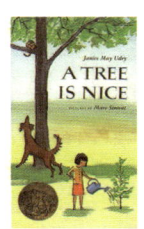

표현 연습
★ **I planted this flower.** 내가 이 꽃을 심었어요.
★ **She planted this seed.** 그녀는 이 씨앗을 심었어요.

영어 UP
★ **A tree is nice to plant.**
　나무는 심기에도 좋아요.

하브루타
Why do you think trees are nice?
나무가 왜 좋다고 생각하니?

September 24

He had eaten a whole book.
책 한 권을 다 먹어 버렸지.

The Incredible Book Eating Boy_Oliver Jeffers ★★★

헨리는 책을 좋아하는 아이랍니다. 그런데 헨리가 책을 좋아하는 방법은 우리와 달랐어요. 바로 책을 먹는 것을 좋아한답니다. 헨리는 책을 먹을수록 더 똑똑해져서 세상에서 가장 똑똑한 아이가 될 거예요! 그런데 어느 날 속이 메스꺼워졌어요. 어떡하죠?

독서 상상력

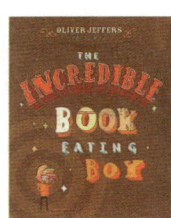

표현 연습

★ **He had eaten a whole cake.**
케이크 하나를 다 먹어 버렸어요.

영어 UP

★ **He wasn't sure at first.**
그는 처음에는 확신이 없었어요.

How do you enjoy your favorite book?
네가 좋아하는 책은 어떻게 즐기니?

April 06

계절 자연

That's not a daffodil.

저것은 수선화가 아니야.

That's Not a Daffodil! _Elizabeth Honey ★★

어느 날 옆집 아저씨가 종이봉투에 뭔가를 가져와서 전해 주었어요. 양파 같아 보이는데 양파가 아닌 수선화라면서요. 이렇게 양파같이 생긴 것이 수선화라고 하니 참 이상해요. 톰은 갸우뚱하기만 합니다. 영미권에서는 봄을 알리는 대표적인 꽃이 수선화랍니다.

표현 연습
★ **That's not an apple.** 저것은 사과가 아니에요.
★ **That's not a pancake!** 저것은 팬케이크가 아니에요.

영어 UP
★ **Let's plant and see.** 심고 나서 보자.
★ **Let's wait and see.** 기다려 보자.

하브루타
Can you describe how a flower grows?
꽃이 어떻게 자라는지 설명할 수 있겠니?

September
23

자연
동물

Are you ok?

괜찮아?

Leaves_David Ezra Stein ★★

아기 곰이 처음 맞는 가을이에요. 나뭇잎이 떨어지는 걸 보고 깜짝 놀란 곰은 잎을 다시 나뭇가지에 붙이려 하지만 소용이 없어요. 떨어지는 잎을 바라보다 졸음이 쏟아진 곰은 낙엽을 이불 삼아 굴에서 깊이 잠들어요.
다시 눈을 떴을 때, 곰을 기다리고 있는 것은 과연 무엇일까요?

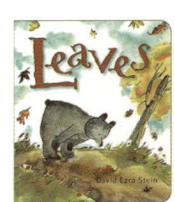

표현연습
★ **Are you alright?** 괜찮아?
* 'Are you OK?'와 'Are you alright?'은 '괜찮아?'라는 뜻도 있지만, 영국에서는 'How are you?'처럼 안부 인사로도 쓰인답니다.

영어 UP
★ **The leaves were falling.**
나뭇잎들이 떨어지고 있었어요.

하브루타
Why do you think the leaves fell?
왜 나뭇잎이 떨어졌을까?

April
07

일상
음식

He was still hungry.

그는 아직 배가 고팠어.

The Very Hungry Caterpillar_Eric Carle ★

작은 애벌레가 배가 너무 고파서 이것저것
마구 먹어 치워요! 사과, 자두, 배 같은 먹이들을 먹으며
조금씩 성장하더니 마침내 나비가 되지요.
전 세계 70여 개 언어로 번역되어 읽히고,
영미권 유치원과 학교에서 매년 활용하는 책입니다.

표현 연습
★ **He was still sleepy.** 그는 아직 졸렸어요.
★ **He was still tired.** 그는 아직 피곤했어요.

영어 UP
★ **Now he wasn't hungry any more.**
이제 그는 더 이상 배고프지 않았어요.

하브 루타
Why did the caterpillar eat so much?
애벌레는 왜 그렇게 많이 먹었을까?

September 22

독서 상상력

He wanted to keep on reading.

그는 계속해서 읽고 싶어 했어.

The Book Without a Story_Carolina Rabei ★★★

밤이 되면 도서관의 책들은 저마다 자기 이야기를 들려줘요. 하지만 더스티는 높은 선반에 있어서 누구에게도 읽힌 적이 없지요. 자신이 어떤 책인지도 모르던 중, 더스티는 한 꼬마에게 우연히 발견됩니다. 그때부터 더스티의 이야기가 펼쳐지지요. 과연 어떤 이야기일까요?

표현 연습
- ★ **Keep on trying!** 계속 시도해 봐요!
- ★ **She kept on singing.** 그녀는 계속 노래했어요.

영어 UP
- ★ **Leave that to me.**
  그건 내게 맡겨요.

하브루타

Why was the book on the high shelf feeling lonely?
왜 높은 선반에 있던 책은 외로웠을까?

April
08

계절 자연

What's that sound?
저건 무슨 소리지?

The Very Hungry Caterpillar's First Spring _Eric Carle ★★

라임이 살아 있어 영어 읽기가 더 즐거워지는 책입니다.
신나는 것들이 가득한 봄! 몽실몽실 구름,
살랑이는 꽃향기, 촉촉한 봄비까지!
오감으로 느끼는 봄의 이야기를 만나 보세요.
배고픈 애벌레와 함께 봄을 만끽하는 그림책입니다.

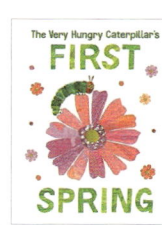

표현 연습
★ **What's that smell?** 저건 무슨 냄새야?
★ **What's that noise?** 저 시끄러운 소리는 뭐야?

영어 UP
★ **Spring is the season that's full of delight!**
봄은 기쁨으로 가득한 계절이에요!

하브 루타
What sounds can you hear in spring?
봄에는 어떤 소리를 들을 수 있을까?

September 21

창의 자연

It wasn't perfect.

완벽하지 않았어.

The Perfect Leaf_ Andrew Plant ★★

두 소녀는 단풍이 쌓인 나무 아래에서 만나 완벽한 잎사귀를 찾으며 자연을 탐험해요.
하지만 곧 완벽하지 않아도 바라보는 시각에 따라 모든 것이 아름다울 수 있음을 깨닫게 되지요.
발견의 힘과 즐거움을 마음껏 표현한 작품입니다.

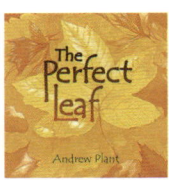

표현 연습
★ **It wasn't clean.** 깨끗하지 않았어요.
★ **It wasn't pretty.** 예쁘지 않았어요.

영어 UP
★ **Every leaf had a flaw.** 모든 나뭇잎에는 흠이 있었어요.
★ **There was a hole.** 구멍이 있었어요.

하브 루타
Can something still be special if it's not perfect?
완벽하지 않아도 특별할 수 있을까?

April
09

기념일 모험

The crayons are getting ready for Easter.

크레용들이 부활절을 맞이할 준비를 하고 있어.

Happy Easter from the Crayons_Drew Daywalt & Oliver Jeffers ★★

크레용들이 자기 색깔에 맞는 이스터 카드를 보내요.
파란색, 노란색, 초록색… 저마다 다르게 축하 인사를
전하지요. 어떤 카드가 도착할지 궁금하지 않나요?
책장을 넘기며 확인해 보세요.
개성 가득한 크레용들의 이스터 선물이 기다리고 있답니다.

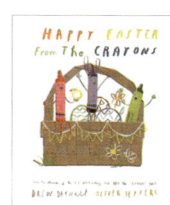

 표현 연습
★ **The boy is getting ready for school.**
남자아이가 학교 갈 준비를 하고 있어요.

 영어 UP
★ **That is totally not an egg.**
저건 전혀 달걀이 아니에요.

 하브루타
Where do you want to hide your Easter egg?
네 부활절 달걀을 어디에 숨기고 싶니?

September
20

일상 유머

Books are for reading.

책은 읽는 거야.

The Not So Quiet Library _ Zachariah OHora ★★

토요일은 오스카와 디오도르가 아빠와 도서관에 가는 날이에요. 아침으로 도넛을 먹고, 도서관에서 조용히 책을 읽는 행복한 시간이지요. 그런데 쿵! 쾅! 으르렁! 머리가 다섯 개 달린 배고픈 괴물이 나타났어요. 오스카와 디오도르는 이 괴물을 어떻게 길들일 수 있을까요?

표현 연습

★ **Books are for learning.** 책은 배움을 위한 거예요.
★ **Books are for imagining.** 책은 상상하게 해 줘요.

영어 UP

★ **There's a monster in the library.**
도서관에 괴물이 있어요.

하브루타

What kind of story would you read to a monster to help it feel better? 괴물의 기분이 좋아지게 하려면 어떤 이야기를 읽어 줄까?

April
10

동물
운율

Is it Spring?
지금 봄이야?

Spring Is Here : A Bear and Mole Story_Will Hillenbrand ★

두더지는 봄이 온 걸 알고 있는데, 곰은 아직도 쿨쿨 자네요.
봄이 왔다는 걸 알리고 싶은 두더지는 여러 방법으로
곰을 깨워 보지만 곰은 여전히 꿈나라입니다.
하지만 두더지는 포기하지 않아요.
과연 곰을 깨울 특별한 봄맞이 선물은 무엇일까요?

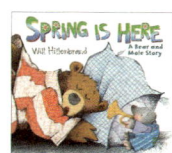

표현 연습
★ **Is it Winter?** 지금 겨울인가요?
★ **Is it Monday?** 지금 월요일인가요?

영어 UP
★ **"Spring is here!" cried Mole.**
"봄이 왔어요!" 두더지가 외쳤어요.

하브 루타
What makes you feel sleepy like Bear?
곰처럼 졸리는 이유가 무엇이니?

September
19

자존감
동물

I am dancing!
나는 춤추고 있어!

Giraffes Can't Dance _Giles Andreae & Guy Parker-Rees ★★

긴 다리 기린 제럴드는 춤을 잘 추고 싶은데 마음처럼
되지 않아요. 다른 동물들이 놀려서 자신감도
잃어버렸지요. 제럴드는 감미로운 멜로디에 맞춰
움직이는 법을 배울 수 있을까요?
경쾌한 운율이 느껴지는 그림과 글에서 자신감을 배워 보세요.

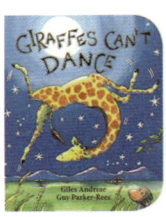

표현 연습
★ **She is reading books.**
그녀는 책 여러 권을 읽고 있어요.

영어 UP
★ **His body starts to sway.**
그의 몸이 흔들리기 시작해요.

하브루타
What do you think Gerald learned at the end of the story?
이야기의 끝에서 제럴드는 무엇을 배웠을까?

April
11

기념일
모험

Happy Easter!

부활절 축하해!

Pete the Cat: Big Easter Adventure _ James Dean & Kimberly Dean ★★★

피트는 친구들과 함께 다양한 색의 부활절 달걀을
찾으면서 재미있고 신나는 모험을 합니다.
이스터를 맞이하는 특별한 방식은 무엇일까요?
멋진 고양이 피트와 함께하는 흥겹고
즐거운 부활절 모험 이야기입니다.

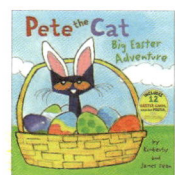

표현 연습
★ **Happy Birthday!** 생일 축하해요!
★ **Happy holidays!** 행복한 휴일 되세요!

영어 UP
★ **Pete painted the eggs with bright colors.**
피트는 알록달록한 색으로 달걀을 색칠했어요.

하브루타
What can you do to help the Easter Bunny?
이스터버니를 돕기 위해 너는 무엇을 할 수 있을까?

September
18

계절
우정

He tucks him.

그는 그를 품에 넣었어.

The Scarecrow_ Beth Ferry & Fan Brothers (Eric Fan & Terry Fan) ★★

허수아비는 동물들을 쫓아내는 것이 일이기에,
늘 외로워요. 그러던 어느 날 다친 아기 까마귀를 돌보며
우정을 나누지요. 하지만 아기 까마귀가 떠날 때가 되니
허수아비는 다시 혼자가 됩니다. 둘은 다시 만나는 날이 올까요?
어울리지 않을 것 같은 두 친구의 감동적인 이야기입니다.

표현 연습

★ **She tucks her baby in bed.**
그녀는 아기를 침대 안에 눕혀요.

영어 UP

★ **Scarecrow guards the field of gold.**
허수아비가 황금빛 들판을 지켜요.

하브루타

What did the scarecrow want the most in the story?
이야기에서 허수아비가 가장 원하는 것은 무엇이었을까?

April
12

계절 자연

Who's asleep?
누가 자고 있니?

Who's Awake in Springtime? _Phyllis Gershator, Mim Green & Emilie Chollat ★★

해가 지면서 동물들이 잘 준비를 합니다.
물고기는 숨을 곳을 찾고, 고양이와 양은 몸을 웅크리지요.
그런데 깨어 있는 친구들이 있어요.
누가 누가 깨어서 봄을 맞이하는지, 봄이 오면
어떤 변화가 있는지 리듬감 있는 이야기 속에서 느껴 보세요.

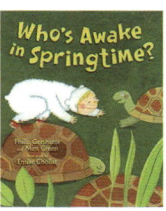

표현 연습
★ **Who's awake?** 누가 깨어 있나요?
★ **Who's ready?** 누가 준비됐나요?

영어 UP
★ **Over in the meadow** 초원 저편에서
★ **Near the pond by the sea** 바다 근처의 연못에서

하브 루타
Who do you think is awaking in springtime?
너는 봄에 누가 일어난다고 생각하니?

September
17

계절 변화

They let go.
그들은 놓아주었어.

The Little Yellow Leaf _ Carin Berger ★★

노란색 작은 나뭇잎은 가을이 되어 변화하는 모습이 두렵고 무엇을 해야 할지 고민이 됩니다. 하지만 나뭇잎은 변화의 중요성을 깨달아 가지요. 신문, 카탈로그 등 조각 수천 개를 모아 만든 콜라주가 매력적입니다. 이 가을, 용기와 우정, 변화에 대한 이야기를 만나 보세요.

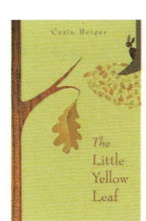

표현 연습
★ **They let go of the balloon.** 그들은 풍선을 놓았어요.
★ **The boy let go of the rope.** 그 소년은 밧줄을 놓았어요.

영어 UP
★ **I am not ready yet.**
   난 아직 준비가 안 됐어요.

하브루타
How does the little yellow leaf feel when it is falling?
작은 노란 나뭇잎은 떨어질 때 어떤 기분일까?

April
13

계절
문화

Spring is here!
봄이 왔어!

The Spring Book _Todd Parr ★

봄에 일어나는 다양한 일들을 따뜻한 그림체에 담았어요. 미국의 봄 문화와 축제를 알 수 있는 책이기도 하지요. 봄맞이 대청소, 농부의 장터, 그리고 5월에 있는 어머니날도 등장합니다. 작가 토드 파 특유의 유머와 따뜻한 마음을 담아 어린 독자에게 봄의 즐거움을 선사합니다.

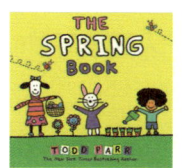

표현 연습
★ **The moment is here!** 그 순간이 되었어요!
★ **My package is here!** 내 소포가 도착했어요!

영어 UP
★ **Spring is the time of year to learn new things.** 봄은 새로운 것을 배우는 계절이에요.

하브루타
What do you like most about spring?
봄에 가장 좋아하는 것은 무엇이니?

September
16

생태계 어휘

All sorts of dinosaurs are eating their lunch.

온갖 공룡들이 점심을 먹고 있어.

Dinosaur Roar! _ Paul Stickland & Henrietta Stickland ★

세상에는 여러 종류의 공룡이 있어요.
으르렁거리는 공룡, 겁먹은 공룡, 힘이 센 공룡,
작은 공룡, 빠른 공룡, 미끌미끌한 공룡….
이 공룡들이 다 함께 모여서 무엇을 하는 걸까요?
공룡을 통해 다양한 동사와 형용사도 배워 보아요.

표현 연습
★ **Dinosaurs are fast.**
공룡들은 빨라요.

영어 UP
★ **Dinosaurs are short or very, very long.**
어떤 공룡은 작고, 어떤 공룡은 아주아주 길어요.

하브루타
What's your favorite dinosaur?
네가 가장 좋아하는 공룡은 무엇이니?

April 14

계절 자연

It's time to plant.

(꽃과 나무를) 심을 시간이야.

Up in the Garden and Down in the Dirt _Kate Messner & Christopher Silas Neal ★★★

봄 준비로 모두 분주합니다. 땅 위뿐만 아니라 땅 아래서도 세상 모든 만물이 봄 준비로 바쁘게 움직여요. 흙 아래 숨겨진 비밀의 세계를 탐험하며 자연을 생생하게 느껴 보세요. 어린 소녀와 할머니가 정원을 가꾸고 수확하며, 1년을 보내는 여정을 따라갑니다.

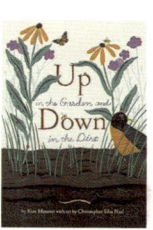

표현 연습
★ **It's time to go.** 가야 할 시간이에요.
★ **It's time for bed.** 자러 갈 시간이에요.

영어 UP
★ **What's down there?** 저 아래에는 뭐가 있을까요?
★ **What's over there?** 저 멀리에는 뭐가 있을까요?

하브루타
What else is down in the dirt?
땅 아래에는 또 뭐가 있을까?

September 15

우주 탐구

I'm Earth's best friend.

나는 지구의 가장 친한 친구야.

Moon! Earth's Best Friend _Stacy McAnulty & Stevie Lewis ★★★

지구의 가장 친한 친구인 달의 형성과 역사를 달의 관점에서 풀어 낸 유쾌한 논픽션 그림책입니다. 달과 지구는 처음부터 단짝이었어요. 달은 절대 친구에게 등을 돌리지 않습니다. 달은 항상 지구만 바라보지요. 두 친구는 영원히 함께할 것입니다.

표현 연습

★ **She's my best friend.**
그녀는 나의 가장 친한 친구예요.

영어 UP

★ **Bees are flowers' best friends.**
꿀벌은 꽃들의 가장 친한 친구예요.

하브루타

Can you tell me how you became close with your best friend? 가장 친한 친구와 어떻게 가까워졌는지 말해 줄 수 있니?

April
15

일상 행복

The day's all yours.

이 모든 하루가 다 너의 것이란다.

All in a Day_Cynthia Rylant & Nikki McClure ★★

하루 동안 경험하는 다양한 것들을 이야기합니다.
햇살, 바람, 새소리 등 일상의 소소한 기쁨을 따뜻하게
표현하며, 작은 순간들이 얼마나 소중하고
특별한지 말하고 있어요. 삶의 아름다움이
고스란히 담겨 있어, 생명이 움트는 봄과 어울리는 책입니다.

표현 연습
★ **All yours!** 다 네 거야.
★ **These cookies are all yours.** 이 쿠키는 전부 네 거야.

영어 UP
★ **A day is all its own.** 하루는 그 자체로 특별해요.
★ **A day brings hope.** 하루는 희망을 가져다 줘요.

하브루타
What do you like to do during the day?
너는 낮에 무엇 하는 걸 좋아하니?

September 14

계절 어휘

Ready to munch.

우적우적 먹을 준비가 됐어.

Wonderfall_ Michael Hall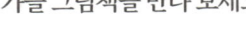

'Wonderful'의 'ful'이 가을을 뜻하는 'Fall'로 바뀌어 'Wonderfall'이 되었습니다. 감각적으로 표현한 제목처럼 가을의 멋진 감성을 담은 그림책입니다. 다채로운 형용사로 시처럼 리듬감 있게 표현한 가을 그림책을 만나 보세요.

 **표현 연습**
★ **I'm ready to go!** 나는 갈 준비 다 됐어요!
★ **I'm ready to sleep.** 나는 잘 준비가 됐어요.

영어 UP
★ **A gentle breeze is jiggling me.**
부드러운 바람이 나를 흔들어요.

 **하브 루타**
Can you make up your own fun word with fall at the end?
fall로 끝나는 재미있는 단어를 만들어 볼래?

April
16

계절 자연

One little seed flies with the wind.

작은 씨앗 하나가 바람과 함께 날아가고 있어.

Little Dandelion Seeds the World _ Julia Richardson ★★

작은 민들레 씨앗이 바람에 날려갑니다.
멀리멀리 날아가요. 아프리카에도 갔다가
호주에도 가고 아시아에도 가요. 바람에 날리는 민들레
씨앗과 함께 세상 구경을 해 볼까요? 민들레는 전 세계의
대륙 어디서나 잘 자란다는 사실을 여러분은 알고 있나요?

 표현 연습
★ **One little bee flies with the wind.**
작은 벌이 바람과 함께 날아가요.

 영어 UP
★ **A little dandelion blooms in Africa.**
작은 민들레가 아프리카에서 피어났어요.

 하브루타
Where do you want to go if you can fly with the wind?
바람과 함께 날아간다면 어디에 가고 싶니?

September
13

자연
동물

She was very busy.

그녀는 너무 바빴어.

The Very Busy Spider_Eric Carle ★★

어느 날 아침, 작은 거미 한 마리가 울타리에 거미줄을
칩니다. 동물들이 저마다 거미에게 말을 걸지만
거미는 바쁘게 거미줄 짜는 작업을 계속해요.
거미는 자신의 목표를 달성할 수 있을까요?
작가 에릭 칼의 다채로운 색감이 아름다운 클래식 그림책입니다.

표현 연습
★ **She is very hungry.** 그녀는 매우 배가 고파요.
★ **The cookie is very sweet.** 이 쿠키는 매우 달아요.

영어 UP
★ **She kept on spinning all day long.**
그녀는 하루 종일 계속 거미줄을 쳤어요.

하브루타
Why do you think the spider couldn't stop spinning the web? 왜 거미는 그물을 짜는 것을 멈출 수 없었을까?

April
17

기념일 유머

She swallowed a candy.

그녀가 사탕을 삼켰어.

There Was an Old Lady Who Swallowed a Chick! _Lucille Colandro & Jared Lee ★★

'There was an old lady who swallowed a fly'라는 전래 동요를 바탕으로 한 이야기입니다. 할머니가 병아리를 삼키기 시작하고, 부활절과 관련된 여러 가지 물건들을 삼켜요. 계속해서 무엇을 삼키고 어떤 이야기가 펼쳐질까요?

표현 연습

★ **She swallowed a marshmallow.**
그녀가 마시멜로를 삼켰어요.

영어 UP

★ **I don't know why she swallowed it.**
그녀가 왜 그것을 삼켰는지 모르겠어요.

하브루타

What do you think will happen if you swallow a chick?
병아리를 삼킨다면 어떤 일이 생길 것 같니?

September
12

This side of the book is safe.

책 이쪽은 안전해.

The Wall in the Middle of the Book _ Jon Agee

상상력
유머

세상에, 책 한가운데 벽이 있지 뭐예요.
주인공은 그 벽이 자신을 지켜 주는 좋은 벽이라고 믿어요.
책 너머에는 위험이 가득하다며 절대 넘어가지 않지요.
하지만 주인공이 있던 쪽이 물에 잠기고 마는데….
과연 벽 너머에는 어떤 세계가 기다리고 있을까요?

표현 연습

★ **This side of the road is safe.** 길 이쪽은 안전해요.
★ **This side of the lake is deep.** 호수 이쪽은 깊어요.

영어 UP

★ **There's a wall in the middle of the book.**
책 한가운데 벽이 있어요.

하브 루타

What would you like to be protected from?
무엇으로부터 보호받고 싶니?

April
18

모험
자연

I went for a walk.
나는 산책을 갔어.

Birdsong By the Billabong _Maura Finn & Cate James ★★

Billabong은 호주 영어로 물웅덩이를 말합니다.
물웅덩이로 산책을 나가면 어떤 친구들을 만나게 될까요?
웜뱃 무리일 수도 있고 주머니쥐일 수도 있어요.
귀여운 주인공과 함께 호주 풍경 속
즐거운 이야기로 떠나 볼까요?

표현 연습
★ **I went for a swim.** 나는 수영하러 갔어요.
★ **I went for a run.** 나는 달리기하러 갔어요.

영어 UP
★ **None of them saw me.**
아무도 나를 보지 못했어요.

하브 루타
What exciting things do you see when you go for a walk?
산책할 때 보이는 것 중 어떤 것이 가장 흥미롭니?

September
11

계절 어휘

The air is chilly.

공기가 쌀쌀하네.

In the Middle of Fall _Kevin Henkes & Laura Dronzek ★★

가을 한가운데에서 시작해 겨울로 변해 가는
자연의 모습이 그려진 책입니다.
따뜻한 문장과 아름다운 그림으로 가을을 만나 보세요.
가을의 독특한 아름다움을 문장으로 어떻게 표현했는지
세심하게 읽으며 가을 속으로 떠나 볼까요?

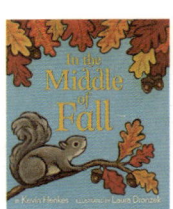

표현 연습
★ **The air is crisp.** 공기가 상쾌해요.
★ **The air is cool.** 공기가 시원해요.

영어 UP
★ **It is all around, right in the middle of Fall.**
우리 주위가 가을로 온통 가득해요.

하브루타
How does nature change in the middle of fall?
가을이 깊어지면서 자연은 어떻게 변하나요?

April 19

다양성 감정

Susan's proud.

수잔은 자랑스러워.

Susan Laughs _ Jeanne Willis & Tony Ross ★

수잔이 웃어요. 수잔은 노래도 하고 그네도 타지요.
수잔은 착하기도 하고 짓궂기도 해요. 나랑 똑같아요.
4월 20일은 '장애인의 날'입니다. 나와 달라 보이는
친구들도 사실은 똑같은 아이라는 것을
다시 한번 생각하며 친구가 되어 보세요.

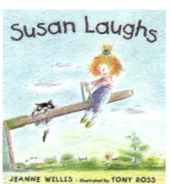

표현 연습
- ★ **Susan's wonderful.** 수잔은 멋져요.
- ★ **Susan's brave.** 수잔은 용감해요.

영어 UP
- ★ **Just like me.** 나처럼 똑같아.
- ★ **Just like daddy.** 아빠랑 똑같아.

하브 루타
How would you describe yourself?
너를 어떻게 표현하겠니?

September

10

계절 자연

Little cloud changed.

작은 구름이 바뀌었어.

Little Cloud _Eric Carle ★★

맑은 하늘에 둥실둥실 떠다니는 구름.
구름의 모양이 어떻게 바뀌는지 함께 알아보아요!
하늘색과 흰색의 질감 있는 콜라주를 통해 어린이들의
무한한 상상력을 자극하고,
어린이 자신도 구름을 '읽는' 법을 배우게 됩니다.

표현 연습
★ **Little bird changed.** 작은 새가 바뀌었어요.
★ **The colors changed.** 색깔이 바뀌었어요.

영어 UP
★ **The clouds moved out of sight.**
구름이 시야에서 사라졌어요.

하브 루타
What shapes of clouds can you find?
어떤 모양의 구름을 찾을 수 있니?

April 20

자연 생태계

Keep your eyes open.

눈을 뜨고 있어.

A Walk in the Bush _Gwyn Perkins ★

이기는 밖에 나가기가 싫대요. 그런 이기를 데리고 할아버지는 숲속 산책을 나섭니다. 할아버지는 다양한 야생 동물을 소개하고, 자연을 관찰하는 재미있는 방법을 알려줘요. 표정만으로 감정을 전하는 이기와 유쾌한 할아버지의 따뜻한 여정을 함께해 보세요.

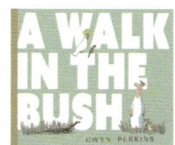

표현 연습
★ **Keep your books open.** 책을 펴고 있어.
★ **Keep your mouth open.** 입을 벌리고 있어.

영어 UP
★ **Can you hear the magpie singing?**
까치가 노래하는 거 들려?

하브 루타
How do you think Iggy was feeling during the walk?
Iggy는 산책하는 동안 기분이 어땠을 것 같아?

September
09

계절 자연

Because of an acorn, a tree.

도토리 덕분에 나무가 있지.

Because of an Acorn _Lola M. Schaefer, Adam Schaefer & Frann Preston-Gannon ★

귀여운 작은 씨앗인 도토리가 큰 나무로 성장하는 과정을
그린 이야기입니다. 도토리가 중심이 되어서
세상에 어떤 변화를 가져오는지 함께 읽어 볼까요?
생태계 층위 간의 중요한 연결, 생명의 나선형 순환을
알아보는 책입니다. 도토리는 단지 시작일 뿐이지요.

표현 연습

★ **The street is wet because of the rain.**
비 때문에 땅이 젖었어요.

영어 UP

★ **A seed becomes a flower.**
씨앗은 꽃이 돼요.

하브루타

What happens because of the acorn?
도토리 때문에 어떤 일이 일어나니?

April
21

I use both sides of the paper.
나는 종이의 양면을 모두 사용해.

지구 모험

The Earth Book _Todd Parr ★

지구를 위해서 할 수 있는 일들이 어떤 것이 있을까요? 일상 속에서 지구를 위한 일들을 함께 찾아볼까요? 작가 토드 파는 나무 심기, 종이 양면 사용, 에너지 절약, 재활용 등 지구를 지키기 위해 함께 노력할 수 있는 쉽고 친화적인 방법을 제안합니다.

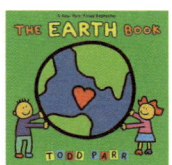

표현 연습
- ★ **I use both sides.** 나는 양쪽을 다 사용해요.
- ★ **Please use both sides.** 양면 모두 사용해 주세요.

영어 UP
- ★ **I turn off the faucet.**
  나는 수도꼭지를 잠가요. * faucet: 미국식, tap: 영국식

하브루타
What do you love about the Earth?
너는 지구의 어떤 점이 좋아?

September
08

계절 자연

Pat the leaves.

나뭇잎을 쓰다듬어 보렴.

Tap the Magic Tree _Christie Matheson ★★

나무가 계절에 따라 변화하는 모습을 생동감 있게 표현했어요. 콜라주와 수채화로 이루어진 그림은 밝고 심플한 감성을 담고 있어요. 책을 직접 만지고 두드리고 교감하면서 나무의 변화를 직접 체험해 보세요. 책 속 나무를 직접 변화시키는 마법이 일어납니다.

표현 연습
- ★ **Pat the dog.** 강아지를 쓰다듬어 보세요.
- ★ **Pat the flowers softly.** 꽃을 부드럽게 쓰다듬어 보세요.

영어 UP
- ★ **Tap the tree again.** 나무를 다시 톡톡 두드려요.
- ★ **Shake the tree.** 나무를 흔들어요.

하브루타
What do you think will happen if we tap the tree?
나무를 두드리면 무슨 일이 일어날 것 같아?

April
22

자연 모험

I'm so excited.
너무 신난다.

Maisy Goes on a Nature Walk _Lucy Cousins ★

메이지와 친구들이 자연 속으로 산책을 떠나요.
새, 벌, 작은 곤충을 찾아보고 연못을 방문하며 새를
관찰하고 야생화 정원을 거닐어요. 자연 재료를 모아
멋진 요새도 만듭니다. 메이지의 신나는 하루를 함께해 보아요.
이 재미있는 체험 책은 아이들을 멋진 야외로 안내합니다.

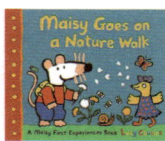

표현 연습

★ **I'm so tired.** 나는 너무 피곤해요.
★ **I'm so nervous.** 나는 너무 긴장돼요.

영어 UP

★ **There are so many animals.** 동물들이 정말 많아요.
★ **The ants are very busy.** 개미들은 정말 바빠요.

하브 루타

What did Maisy see on her nature walk?
메이지는 산책을 하며 무엇을 봤니?

September
07

도전 성장

It just takes practice.

그냥 연습이 필요할 뿐이야.

I Do Not Like Books Anymore! _Daisy Hirst ★★

나탈리와 알폰스는 책과 이야기를 좋아해요.
어느 날 나탈리는 책을 혼자 읽어 보려 하지만
글자와 단어들이 기어가는 벌레처럼 보이네요.
나탈리는 "이제 책 안 좋아!"라고 선언하죠.
나탈리는 어떻게 다시 책과 친해질 수 있을까요?

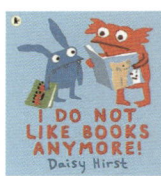

표현 연습
★ **It just takes time.** 그냥 시간이 걸릴 뿐이에요.
★ **It just takes courage.** 그냥 용기 내면 되는 거예요.

영어 UP
★ **It's a good story.** 정말 좋은 이야기예요.
★ **It should be in a book.** 이건 책으로 나와야 해요.

How did Natalie feel when she couldn't read the book?
나탈리가 책을 읽지 못했을 때 어떤 기분이었을까?

April 23

용기
다양성

Why not?
왜 안 돼?

Little Chicken Chickabee _ Janeen Brian & Danny Snell ★

네 마리 귀여운 병아리가 알을 깨고 나왔어요.
그런데 그 중 하나가 '삐약(Cheep)'이라고 하지 않고
'칙카비(Chickabee)'라고 말합니다. 모두가 '삐약'이라고
말하길 기대한다는 걸 깨닫지만 이 병아리는 자신의 소리를 내며
농장을 탐험해요. 그래서 어떻게 될까요?

★ **That's why.** 그게 이유야.
★ **Chickens don't say that.** 닭은 그렇게 말하지 않아.

영어 UP

★ **It's not right.** 옳지 않아.
★ **It's too confusing.** 너무 헷갈려.

How did the little chicken feel when others said "Cheep"?
다른 병아리들이 "삐약" 할 때 이 병아리는 어떤 기분이었을까?

September
06

독서
일상

You can read in the park.

공원에서 책을 읽을 수 있지.

You Can Read_Helaine Becker & Mark Hoffmann ★

책은 어디서든 읽을 수 있습니다. 교실, 공원, 침대처럼
익숙한 곳에서부터 사막, 바닷속, 우주선에서까지.
그림 속 아이들이 읽고 있는 책 제목을 눈여겨 살펴본다면
숨겨진 유머에 미소 짓게 될 거예요.
여러분은 어디에서 책 읽는 것을 좋아하나요?

 표현 연습
★ **You can read in the room.**
방에서 책을 읽을 수 있어요.

 영어 UP
★ **You can read in your party clothes.**
파티 옷을 입고도 책을 읽을 수 있어요.

 **하브루타**
Do you think you can read anywhere? Why or why not?
어디서든 책을 읽을 수 있다고 생각해? 왜 그렇게 생각해?

April
24

자연
숫자

That's easy.
그건 쉽지!

Inch by Inch_Leio Lionni ★★

배고픈 새가 자벌레를 잡아먹으려고 하자 자벌레는 자기를 잡아먹지 말라고 해요. 자기가 얼마나 쓸모 있는 존재인지 알려 주겠다면서요. 자벌레가 어디에 유용할까요? 세계적인 그림책 작가 레오 리오니의 칼데콧 수상작에서 영리한 자벌레의 지혜를 즐겨 보세요.

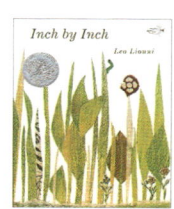

표현 연습
- ★ **That's fun.** 그건 재밌어요.
- ★ **That's tasty.** 그건 맛있어요.

영어 UP
- ★ **Don't eat me.** 나를 먹지 말아요.
- ★ **Don't look at me.** 나를 보지 말아요.

하브 루타

What can you measure?
무엇의 길이를 잴 수 있니?

September
05

독서 창의

I like books.

나는 책을 좋아해.

I Like Books _ Anthony Browne ★

다양한 책을 탐험하는 침팬지와 함께 독서의 즐거움을 느껴 보세요! 재미있는 책, 동화, 무서운 책, 노래책? 공룡이나 해적 이야기, 혹은 ABC 책은 어떤가요? 작가 앤서니 브라운의 깔끔하고 세련된 문체로 생생하고 유머러스하게 표현된 책의 즐거움을 누려 보세요.

표현 연습

★ **I like puppies.** 저는 강아지를 좋아해요.
★ **I like trains.** 저는 기차를 좋아해요.

영어 UP

★ **I like books about dinosaurs.** 공룡에 관한 책을 좋아해요.
★ **I like books about monsters.** 괴물에 관한 책을 좋아해요.

하브 루타

What kind of books do you like?
너는 어떤 책을 좋아해?

April 25

자연 날씨

Kitty's outside.

고양이가 밖에 있어.

Where Does Kitty Go in the Rain? _Harriet Ziefert & Brigette Barrager ★★

고양이가 밖에 있는데 비가 와요. 비가 오면 동물들은 어떻게 할까요? 동물들은 비를 좋아할까요? 오리는 무엇이 방수 역할을 할까요? 나비는 젖지 않으려고 어디에 있을까요? 무엇이 다람쥐의 우산 역할을 할까요? 과학적 호기심을 자극하는 그림책으로 어서 오세요.

 **표현 연습**
★ **Puppy's inside.**
강아지가 안에 있어요.

 영어 UP
★ **The cloud becomes bigger.** 구름이 점점 커져요.
★ **The snowball is growing bigger.** 눈덩이가 점점 커져요.

 **하브루타**
What do you do on a rainy day?
비 오는 날에는 무엇을 하니?

September
04

숫자
의성어

Save some for me!

내 것도 남겨 줘!

Ten Red Apples _Pat Hutchins ★★

나무에 사과가 10개 열려 있었는데, 말 한 마리가 오더니 9개가 되었습니다. 동물이 올 때마다 사과가 하나씩 없어지는 예상 가능한 전개 속에서 다양한 어휘를 만날 수 있지요. 작가의 운율 가득한 글과 따뜻한 그림이 즐거운 책입니다. 숫자도, 의성어도 즐겁게 쉽게 익힐 수 있답니다.

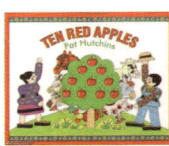

표현 연습
- ★ **Save some cake for me.** 케이크 나도 좀 남겨 줘요.
- ★ **Save some fun for me!** 재미도 나를 위해 좀 남겨 둬!

영어 UP
- ★ **Ten red apples hanging on the tree.**
  빨간 사과 열 개가 나무에 달려 있어요.

하브 루타
What happens to the apples as the story progresses?
이야기가 진행될수록 사과는 어떻게 되니?

April 26

기념일 / 일상

Today is World Book Day.

오늘은 세계 책의 날이야.

Luna Loves World Book Day_Joseph Coelho ★★★

오늘은 세계 책의 날! 루나는 하루 종일 신나는 생각으로 들떠 있어요. 좋아하는 캐릭터인 유니콘으로 변장하고, 작가도 만나고, 교환권으로 새 책도 살 계획이었죠. 그런데 이런! 유니콘 의상이 찢어져 버렸어요! 아빠가 마법으로 루나를 도와줄 수 있을까요?

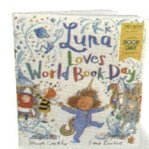

표현 연습
- ★ **Today is Arbor Day.** 오늘은 식목일이에요.
- ★ **Today is Easter.** 오늘은 부활절이에요.

영어 UP
- ★ **Buy a new book.** 새 책을 사요.
- ★ **Make a delicious cookie.** 맛있는 쿠키를 만들어요.

하브루타
Who's your favorite storybook character?
네가 가장 좋아하는 이야기책 속 주인공은 누구니?

September
03

계절 창의

Leaf man used to live near me.

리프 맨은 예전에 내 근처에 살았었지.

Leaf Man_Lois Ehlert ★

가을 낙엽으로 만들어진 나뭇잎 사람, 리프 맨이 바람에 날리며 여행을 떠나는 이야기예요. 리프 맨이 다양한 모습으로 변화하는 모습을 통해 창의력과 상상력이 자극되지요. 실제 가을 낙엽으로 이미지를 하나하나 만들어 아름다운 풍경을 표현하고 있습니다.

표현 연습

★ **I used to live in Chicago.**
나는 예전에 시카고에 살았어요.

영어 UP

★ **He was headed east.**
그는 동쪽을 향하고 있었어요.

하브 루타

If you made a 'Leaf Man', what would he look like?
네가 '리프 맨'을 만든다면, 어떤 모습으로 만들고 싶니?

April
27

우정
포용

You look thirsty.
너 목마른 것 같아.

Amira's Suitcase _Vikki Conley & Nicky Johnston ★★★

숨을 곳을 찾던 아미라는 여행 가방 안에서 자라는 작은 씨앗을 발견해요. 정성 어린 보살핌 속에서 씨앗은 점점 자라나요. 우정과 포용의 가치를 전하는 따뜻한 그림책입니다. 어려운 상황에서도 친절은 꽃피울 수 있음을 보여 주지요.

표현 연습
★ **You look grumpy.** 너 기분 안 좋아 보여.
★ **You look happy.** 너 행복해 보여.

영어 UP
★ **Amira smiled at the sprout.**
아미라는 새싹을 보고 미소지었어요.

하브루타
Why do you think Amira calls the sprout her new friend?
왜 아미라는 새싹을 새 친구라고 불렀을까?

September
02

계절
자연

I know it's autumn.

난 가을이라는 걸 알아.

I Know It's Autumn_Eileen Spinelli & Nancy Hayashi ★★

쌀쌀한 아침에 신는 따뜻한 양말부터 잔디밭에 부서지고 있는 나뭇잎 더미까지 많은 즐거움을 만끽할 수 있는 다정한 가을이 펼쳐집니다. 여러분은 어떤 때에 가을을 느끼나요? 반복되는 어구로 재미있게 가을의 정취를 표현해 보세요.

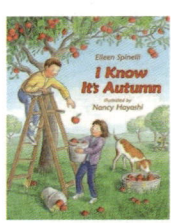

표현 연습
★ **I know it's late.** 늦은 시간인 거 알아요.
★ **I know it's hard.** 그게 힘든 거 알아요.

영어 UP
★ **The leaves turn red and yellow.**
나뭇잎이 빨갛고 노랗게 물들어요.

하브루타
When do you feel autumn? Let's express it using 'When'
언제 가을을 느끼니? when을 사용해서 표현해 보자.

April
28

용기
유머

She saw two men.
그녀는 남자 두 명을 보았어.

What the Ladybird Heard _ Julia Donaldson & Lydia Monks ★★★

동물들이 사는 농장에서는 모든 동물들이 저마다의 소리를 냅니다. 그런데 작은 무당벌레는 한마디도 하지 않아요. 무당벌레는 다만 가만히 보고 듣습니다. 그러던 어느 날, 평화로운 농장에 도둑이 드는데 무당벌레는 어떤 일을 하게 될까요?

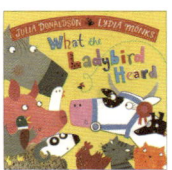

표현 연습
- ★ **He saw three girls.** 그는 여자아이 세 명을 보았어요.
- ★ **I saw five foxes.** 나는 여우 다섯 마리를 보았어요.

영어 UP
- ★ **Once upon a time, there lived a brave girl.**
  옛날 옛적에 용감한 소녀가 살았어요.

하브 루타
Why do you think the ladybird didn't speak before?
무당벌레는 이전에는 왜 말을 하지 않았을까?

September
01

계절 자연

Hello, late summer morning!

안녕, 늦여름 아침아!

Goodbye Summer, Hello Autumn _Kenard Pak ★★

길에서 만나는 동물, 식물들은 가을에 무엇을 할까요? 여름에서 가을로 가는 변화를 따뜻한 그림으로 보여 주는 감성적인 책입니다. 다가오는 겨울을 위해 동식물이 어떤 준비를 하는지도 살펴보아요. 우리는 가을에 어떤 준비를 하나요?

표현 연습
★ **Hello, peaceful morning!** 안녕, 평화로운 아침아!
★ **Hello, rainy morning!** 안녕, 비오는 아침아!

영어 UP
★ **Hello, chill in the air.** 안녕, 공기 속 선선함아.
★ **Hello, big orange sun.** 안녕, 커다란 주홍빛 태양아.

하브루타
What changes do you notice when summer turns into autumn? 여름이 가을로 바뀔 때 어떤 변화를 느끼니?

April 29

자연
색깔

I plant a rainbow.
나는 무지개를 심어.

Planting a Rainbow_ Lois Ehlert ★

무지개를 심는다고요? 엄마와 딸이 작은 정원에 씨앗과 모종을 심고, 햇빛과 물을 주며 정성껏 돌봅니다. 정말 무지개가 피어났을까요? 씨앗, 묘목, 꽃으로 성장하는 과정을 화려한 콜라주 그림으로 즐기는 그림책입니다. 어린이 독자들과 자연 속으로 순간 이동해 보세요.

표현 연습
★ **I plant a flower.** 나는 꽃을 심어요.
★ **I plant a tree.** 나는 나무를 심어요.

영어 UP
★ **Watch the rainbow grow and grow and grow.**
무지개가 자라고 또 자라고 또 자라는 걸 지켜봐요.

하브루타
What colors do you see in a garden?
정원에서 어떤 색깔을 볼 수 있을까?

9월

September

가을·독서
Fall·Reading

어느새 청명한 가을로 접어들었어요.
풍성한 가을, 사과를 한 입 베어 물고,
물들어가는 단풍을 바라보며
독서에 흠뻑 빠져 보는 것은 어떨까요?

책을 반드시 조용히 읽어야 할 필요는 없어요.
도서관도 반드시 조용해야 할 필요는 없답니다.

여물어 가는 가을 속,
둥근 보름달 아래,
책 속으로 함께 여행을 떠나요.

April 30

계절 자연

It is really spring!

정말로 봄이구나!

The Tiny Seed _Eric Carle ★★★

작은 씨앗 하나가 바람을 타고 신나는 모험을 떠나요! 하지만 모든 씨앗이 꽃이 될 수 있는 것은 아니랍니다. 뜨거운 태양에 타서 바다로 떨어지고 새에게 먹히기도 하지요. 과연 이 작은 씨앗은 모든 어려움을 이겨내고 아름다운 꽃으로 피어날 수 있을까요?

 표현연습
- ★ **What is happening?** 무슨 일이 일어나고 있는 거죠?
- ★ **Birds fly by.** 새들이 날아가요.

 영어 UP
- ★ **It grows taller and taller.**
  그것은 점점 크게 자라고 있어요.

 하브루타
What does a seed need to grow?
씨앗이 자라려면 무엇이 필요할까?

August 31

세계시민
포용

We'll build a tower.

우리는 탑을 지을 거란다.

What We'll Build _Oliver Jeffers ★★★

아버지와 딸은 특별한 도구들을 모아 함께 집을 짓고, 때로는 허물며, 서로의 삶을 함께 만들어 갑니다. 소중하게 간직할 추억을 쌓고 안전하게 지낼 집을 마련하고, 서로를 따뜻하게 안아 주지요. 우리는 무엇을 만들며 살아갈까요?

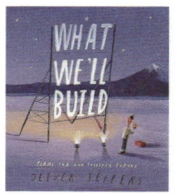

표현 연습
★ **We'll build a bridge.** 우리는 다리를 지을 거예요.
★ **We'll build a brick house.** 우리는 벽돌집을 지을 거예요.

영어 UP
★ **We've planned a lot.** 우리는 많은 계획을 세웠어요.
★ **We've played a lot.** 우리는 많이 놀았어요.

하브루타
What do you want to build in this world?
너는 이 세상에서 무엇을 만들고 싶니?

5월

May

가족
Family

5월은 가족의 달이죠.
특히 어버이날에는 부모님께 감사의 마음을 표현합니다.

영미권 국가에도 부모님께 감사의 마음을 표현하는 날이 있어요.
그런데 우리나라처럼 '어버이날'이 아닌,
'어머니날', '아버지날'이 따로 있답니다.
그리고 나라마다 '어머니날'과 '아버지날' 날짜가 달라요.

나라마다 날짜는 다르지만 부모님께,
또 할머니, 할아버지께, 형제자매에게,
선생님에게 감사의 마음을 표현해 보아요.

August

30

지구 환경

My name is EARTH.

내 이름은 지구야.

Earth! My First 4.54 Billion Years_Stacy McAnulty & David Litchfield ★★★

지구가 직접 들려주는 유쾌한 자기 소개서입니다. 지구가 스스로 자신의 역사를 이야기하는 독특한 형식의 그림책이에요. 유머 넘치는 문장과 생동감 있는 삽화로 지구의 탄생부터 현재까지의 중요한 순간들을 쉽고 재미있게 설명합니다. 자연스럽게 과학을 만나 보세요.

표현 연습
★ **My name is MOON.** 내 이름은 '달'이에요.
★ **My name is MARS.** 내 이름은 '화성'이에요.

영어 UP
★ **It's not always easy being Earth.**
지구로 살아가는 게 언제나 쉬운 건 아니에요.

하브 루타
If Earth could talk to you, what do you think it would say?
만약 지구가 말을 한다면, 뭐라고 말할 것 같아?

May 01

가족 다양성

All families like to hug.

모든 가족은 안는 것을 좋아해.

The Family Book _Todd Parr ★

가족은 다 똑같은 걸까요? 밝은 색감과 유쾌한 그림으로
다양한 가족의 모습을 보여 주는 책입니다.
식구가 많든 적든, 부모님이 한 명이든 두 명이든
어떤 모습을 하고 있든, 가족은 서로를 사랑하고
함께할 때 더욱 특별해져요. 우리 가족은 어떤 모습일까요?

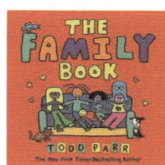

표현 연습
★ **All families like to laugh.**
모든 가족은 웃는 것을 좋아해요.

영어 UP
★ **There are lots of different ways to be a family.**
가족이 되는 방법은 정말 다양해요.

하브 루타
What makes our family special?
우리 가족은 어떤 점이 특별할까?

August
29

자연 환경

Thunder boomed.
천둥이 큰 소리로 울렸어.

Rain_ Manya Stojic ⭐

아프리카 사바나에 사는 동물들의 이야기입니다. 동물들은 비가 오는 걸 어떻게 알까요? 그리고 비가 온 후, 동물들이 사는 곳에는 어떤 변화가 올까요? 독자를 단숨에 아프리카 사바나의 자연으로 안내하여 자연에 대한 호기심을 자극하는 책입니다.

 표현 연습
- ★ **The fireworks boomed.**
  불꽃놀이 소리가 펑펑 울렸어요.

 영어 UP
- ★ **Lightning flashed.** 번개가 번쩍였어요.
- ★ **A raindrop splashed.** 빗방울이 튀었어요.

 하브 루타
How does the rain make the world look different?
비가 오면 세상이 어떻게 달라 보이니?

May 02

가족 사랑

He's all right, my dad.

우리 아빠는 꽤 괜찮은 사람이야.

My Dad_Anthony Browne ★

세계적인 작가 앤서니 브라운의 이 그림책은 아빠에 대한 사랑이 가득 담긴 이야기예요. 아이는 아빠를 자랑스럽게 여기며, 아빠가 가진 특별한 매력을 하나씩 소개하죠. 노래를 잘하고, 레슬링도 잘하고, 엄청나게 용감하고…. 그렇다면 우리 아이가 바라본 아빠는 어떤 모습일까요?

표현 연습

★ **He's strong, my dad.** 우리 아빠는 힘이 세요.
★ **He's funny, my dad.** 우리 아빠는 재미있어요.

영어 UP

★ **He can eat like a horse and he can swim like a fish.** 그는 말처럼 많이 먹을 수 있고, 물고기처럼 수영할 수 있어요.

하브 루타

What is the best thing about your dad?
너의 아빠는 어떤 점이 특별할까?

August
28

환경
유머

He tidied the flowers.

그는 꽃들을 정리했어.

Tidy_Emily Gravet ★★★

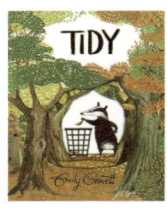

너무 깔끔한 것도 문제가 될까요?
이 책은 깔끔한 것을 너무 좋아하는 오소리 피트의 이야기로,
환경 보호와 균형의 중요성을 유쾌하게 전합니다.
우리에게 자연을 있는 그대로 존중하는 법을 가르쳐 주지요.
아름다운 삽화와 재치 있는 스토리가 돋보여요.

표현 연습

★ **He tidied the room.** 그는 방을 정리했어요.
★ **He tidied his desk.** 그는 책상을 정리했어요.

영어 UP

★ **Perfectly tidy, perfectly neat.**
완벽하게 깔끔하고, 완벽하게 정돈되었어요.

하브루타

How can we keep our environment clean?
자연을 깨끗하게 유지하려면 어떻게 해야 할까?

May 03

She can sing.
그녀는 노래할 수 있어.

My Mom _ Anthony Browne ★

앤서니 브라운의 《My Dad》와 짝꿍 그림책입니다.
엄마가 가진 특별한 매력들을 창의적이고
재미있는 표현으로 소개하지요. 아이들의 상상력을
자극하면서도, 엄마도 아이도 함께 공감하는 이야기랍니다.
우리 아이가 바라본 엄마는 어떤 모습일까요?

가족 사랑

표현연습
★ **She can swim.** 그녀는 수영할 수 있어요.
★ **She can jump.** 그녀는 점프할 수 있어요.

영어 UP
★ **She's as soft as a kitten.**
그녀는 아기 고양이처럼 부드러워요.

하브루타
What can the mom in the story do?
이야기 속 엄마는 어떤 능력이 있어?

August 27

생태계 환경

They'd starve and die out.

그들은 굶어 죽고 말 거야.

If Sharks Disappeared_ Lily Williams ★★★

상어는 무섭기만 하지요. 하지만 상어가 이 세상에는 꼭 필요합니다. 상어가 꼭 필요한 이유, 상어가 사라지면 먹이사슬과 해양 생태계에 어떤 변화가 일어날지, 또 사람들에게는 어떤 영향을 끼칠지 배워 보세요. 복잡한 생태 개념을 이해하기 쉽게 이야기합니다.

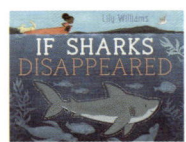

 표현 연습
★ **The old trees will die out.**
그 오래된 나무들은 사라질 거예요.

 영어 UP
★ **The ocean would no longer be balanced.**
바다의 균형이 깨지고 말 거예요.

 하브루타
Why are sharks important to the ocean?
왜 상어들이 바다에서 중요할까?

May
04

가족
사랑

I love your fingers.
난 너의 손가락을 사랑해.

I Love You Through and Through_Bernadette Rossetti-Shustak ★

"영원히 영원히 사랑해요!"
귀여운 아기와 곰 인형의 무조건적인 사랑이 운율감 넘치는
글로 표현됩니다. 이 책을 읽으면, 여러분도
"나는 널 온 마음으로 사랑해!"라고 외치고 싶을지도 몰라요.
모든 페이지에 사랑스러운 메시지가 담겨 있습니다.

표현 연습

★ **I love your toes.** 나는 너의 발가락을 사랑해.
★ **I love your smile.** 나는 너의 미소를 사랑해.

영어 UP

★ **I love you through and through.**
너를 언제나 사랑해.

하브 루타

How does your family show love to you?
네 가족은 어떻게 너를 사랑해 주니?

August
26

환경
지구

We share the water.

우리는 물을 공유한다.

Our Big Home_Linda Glaser & Elisa Kleven ★★★

'우리의 큰 집'이라는 표현을 통하여 지구가 우리 모두의 집이라는 중요한 메시지를 전달하고 있지요. 이 책을 통해 자연 보호의 중요성과 환경을 보호하는 방법을 배울 수 있어요. 작가의 생생한 글과 그림은 독자들을 아프리카 평원, 카리브해의 섬, 남미의 산 등 전 세계로 안내합니다.

표현
연습

★ **We share our toys.**
우리는 장난감을 공유해요.

영어
UP

★ **She watched the sun rise in the morning.**
그녀는 아침에 해돋이를 지켜보았어요.

하브
루타

How does taking care of the Earth help all of us?
지구를 돌보는 것이 어떻게 우리 모두에게 도움이 될까?

May
05

자존감 사랑

You matter!
넌 소중하단다!

You Matter_Christian Robinson ★★

다양한 관점에서 세상을 바라보는 그림책입니다.
어린이들은 세상 사람들이 어떻게 연결되어 있고,
각자가 얼마나 중요한 사람인지를 깨닫게 되지요.
아름다운 글과 그림 속에서 '어떤 모습을 하고 있더라도,
너는 너무나 소중한 존재란다!'라는 메시지를 느껴 보세요.

표현 연습
★ **That matters.** 그건 중요해요.
★ **It doesn't matter.** 그건 중요하지 않아요.

영어 UP
★ **Even if you aren't sure, you do matter.**
확신이 없을지 몰라도 너는 소중하단다.

Can you complete this sentence? "I matter because…."
이 문장을 완성해 볼래? "난 소중해요. 왜냐하면…."

August 25

생태계 / 유머

What's a gruffalo?

그루팔로가 뭐지?

The Gruffalo_ Julia Donaldson & Axel Scheffler ★★★

생쥐를 만나는 동물마다 '너를 잡아먹겠다'고 합니다.
그때마다 생쥐는 그루팔로를 만나러 간다고 해요.
동물들은 그루팔로가 누구인지 몰라요.
그런데 생쥐가 진짜 그루팔로를 만나게 되었지 뭐예요!
생쥐는 과연 어떻게 그루팔로에게서 빠져나올까요?

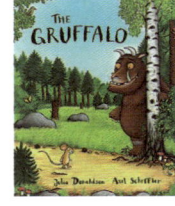

표현 연습
★ **What's a hotdog?** 핫도그가 뭐지요?
★ **Who's Cinderella?** 신데렐라가 누구예요?

영어 UP
★ **You'll taste good on a slice of bread.**
넌 빵 한 조각 위에 올려 먹으면 맛있을 거야.

하브루타
How can you escape if you are in trouble?
문제에 부딪힐 때 어떻게 모면할 수 있겠니?

May 06

가족 사랑

He's cool!
그는 멋져!

My Brother _ Anthony Browne ⭐

앤서니 브라운의 《My Dad》, 《My Mom》을 잇는 가족 그림책입니다. 우리 형은 정말 멋져요. 귀도 머리도 멋지고, 공도 멋지게 잘 차고, 스케이트보드도 잘 타고, 달리기도 빠르고, 멋진 이야기도 만들어요. 그런데 말이에요. 저도 멋지답니다.

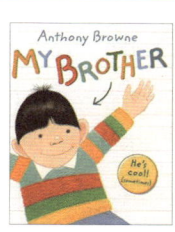

표현 연습
★ **He's handsome!** 그는 멋져요!
★ **She's beautiful!** 그녀는 아름다워요!

영어 UP
★ **He's a great jumper.** 그는 멋지게 뛰는 사람이에요.
★ **She's a great musician.** 그녀는 멋진 음악가예요.

하브루타
Tell me about your brother or sister.
오빠(형)나 언니(누나)에 대해 이야기해 줄래?

August 24

자연 환경

Cut it out!

그만 좀 해!

Rain Boy_Dylan Glynn ★★★

가는 곳마다 비를 몰고 다녀 인기가 없는 레인보이.
사람들은 늘 "Rain, Rain, Go Away!"를 외칩니다.
하지만 곧 비와 함께하는 즐거움을 깨닫기 시작해요.
비는 꽃을 피우고 나무를 자라게 하며,
물웅덩이 놀이는 너무 재밌으니까요.

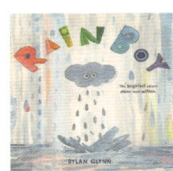

표현 연습
- ★ **Stop it!** 그만해!
- ★ **Enough already!** 이제 충분해!

영어 UP
- ★ **Sun was ashamed of her friends.**
  해님은 친구들이 부끄러웠어요.

하브 루타
How does Sun Kidd show kindness to Rain Boy?
Sun Kidd는 Rain Boy에게 어떻게 친절하게 하니?

May 07

가족 사랑

The most wonderful big sis.

세상에서 가장 멋진 큰 누나(언니)야.

Little Miss, Big Sis _Anthony Browne ★

꼬마 아가씨가 더 이상 꼬마가 아닌, 큰 누나가 된다고 해요! 아기와 함께 지내는 것은 어떨까요? 꼬마 아가씨가 도움을 줄 수 있을까요? 가족과 함께 새로운 아기가 태어나는 순간을 축하하면서 큰 언니가 되는 경이로움을 배우지요. 동생을 기다리는 아이를 위한 그림책입니다.

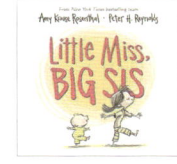

표현 연습
★ **He's the most awesome dad.** 가장 멋진 아빠예요.
★ **He's the cutest puppy.** 가장 귀여운 강아지예요.

영어 UP
★ **I'll help care.** 돌보는 것을 도와줄게요.
★ **I'll help cleaning.** 청소하는 것을 도와줄게요.

하브루타
How would you take care of a baby?
아기가 있다면 어떻게 돌봐 주겠니?

August

23

환경 생태계

Dance for us!

우리를 위해 춤을 주렴!

The Honeybee_Kirsten Hall & Isabelle Arsenault ★★★

쉿! 꽃밭 사이 무슨 소리가 들리지 않나요? 윙윙거리는 소리의 주인공은 바로 꿀벌이랍니다. 꿀벌은 바쁘게 움직여요. 꿀벌이 열심히 일해서 모은 꽃가루는 그 다음 어떻게 되는 걸까요? 꿀벌의 여행을 따라가며 꽃가루에서 꿀이 되기까지의 여정을 함께 떠나 보아요.

표현 연습
- ★ **Show us the way!** 우리에게 길을 알려 주렴!
- ★ **Read for me!** 날 위해 읽어 줘!

영어 UP
- ★ **Make it stick.** 끈적하게 만들렴.
- ★ **Make it yellow.** 노랗게 만들렴.

하브루타
How did Holly help the other bees?
홀리는 다른 벌들을 어떻게 도와줬을까?

May 08

We walk hand in hand.

우리는 손을 맞잡고 걷고 있어.

가족 사랑

Who Takes Care of You?_Hannah Eliot & Jade Orlando ★★

나를 돌봐 주는 사람은 누구일까요?
가족마다 돌봄의 모습이 다를 수 있어요.
엄마, 할아버지, 이모 등 누가 나를 돌봐 주든,
몇 명이 돌봐 주든 중요한 것은 내가 사랑받고 있다는 사실입니다.
돌봄의 다양성에 대해 생각해 보는 책입니다.

표현 연습
★ **She makes my favorite lunch.**
그녀는 내가 가장 좋아하는 점심을 만들어 줘요.

영어 UP
★ **My daddy takes care of me.**
아빠가 나를 돌봐 줘요.

하브루타
Who takes care of you, and how do they do it?
누가 너를 돌봐 주지? 어떻게 돌봐 주지?

August 22

환경 생태계

Just add to the pot.

그냥 항아리에 넣으렴.

Compost Stew_ Mary McKenna Siddals & Ashley Wolff ★★

퇴비 만드는 레시피입니다. 사과 씨, 상한 바나나, 커피 찌꺼기 등 A에서 Z로 시작하는 재료를 사용해 지구를 위한 친환경 퇴비를 만들어 보아요! 자연 순환의 소중함을 떠올리며 ㄱ부터 ㅎ으로 시작하는 재료를 생각해 봐도 좋겠습니다.

표현 연습
★ **Just add to the pile.** 그냥 쌓인 데 두세요.
★ **Just add to the mix.** 그냥 섞는 데 넣어요.

영어 UP
★ **Let it all rot into Compost Stew.**
모두 썩어서 '퇴비 스튜'가 되게 하세요.

하브루타
What else can you put in the pot to make Compost Stew?
퇴비 스튜를 만들기 위해 다른 무엇을 넣을 수 있을까?

May 09

가족 감사

Mummies are for amazing things.

엄마는 대단한 일을 해내는 사람이야.

Mummies are Amazing _Catriona Hoy & Annie White ★★

엄마들은 놀라운 존재입니다.
하지만 때로는 엄마의 능력을 잊거나 인정받지 못할 때도
있지요. '엄마는 아이를 닭으로 변신시키는
마법사예요.' 같은 재치 있는 문장으로 엄마의 특별함을
따뜻하고 유쾌하게 담아 낸 그림책입니다.

표현 연습

★ **Mummies are for hugs.**
　엄마는 포옹해 주는 사람이에요.
　* Mummy(mummies)는 '엄마'의 영국식 표현입니다.

영어 UP

★ **That's not what mummies are for.**
　엄마는 그래서 있는 게 아니에요.

하브루타

What do you think mummies are for?
너는 엄마가 무엇을 해 주는 사람 같아?

August
21

생태계 유머

We don't eat apples.

우리는 사과를 먹지 않아.

Piranhas Don't Eat Bananas_Aaron Blabey ★★

피라냐는 날카로운 이빨을 가진 육식성 물고기예요.
그런데 피라냐 브라이언은 바나나를 좋아한대요!
친구들은 여전히 사람 무는 것을 더 좋아하지요.
브라이언은 친구들에게 과일을 먹어 보라고 설득하는데,
과연 그들은 새로운 맛에 도전할까요?

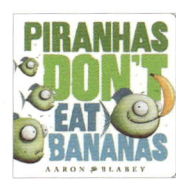

표현 연습

★ **We don't eat meat.** 우리는 고기를 먹지 않아요.
★ **We don't eat fish.** 우리는 생선을 먹지 않아요.

영어 UP

★ **Would you like a banana?** 바나나 먹을래요?
★ **Fruit is the best.** 과일이 최고예요.

하브루타

Why do you think friends wouldn't initially try fruit?
왜 처음에 친구들이 과일을 먹으려고 하지 않았을까?

May

10

가족
사랑

Let's start.

시작하자.

Baking with Dad_ Aurora Cacciapuoti ★

아빠와 함께 생일 케이크를 만드는 신나는 하루입니다.
아이는 케이크에 어떤 재료를 넣을지 고민하고,
반죽을 신나게 휘젓고 춤추며 즐거운 시간을 보냅니다.
크레용 터치로 그려진 따뜻한 그림이
재미를 더하는 그림책입니다.

표현 연습
★ **Crack the eggs.** 달걀을 깨요.
★ **Add the sugar.** 설탕을 넣어요.

영어 UP
★ **We need butter and milk.** 우리는 버터와 우유가 필요해요.
★ **We need lots of fruit.** 우리는 과일이 많이 필요해요.

하브 루타
What part of baking with Dad looked the most fun to you?
아빠와 베이킹하는 장면 중 어떤 부분이 가장 재미있어 보였어?

August
20

환경 세계시민

What does it mean?

그건 무슨 뜻이지?

What Does It Mean to Be Green? _Rana DiOrio & Addy Rivera Sonda ★ ★

아이들이 환경을 보호하는 다양한 방법을 쉽게 배우고
실천할 수 있도록 도와주는 그림책. 물 아껴 쓰기,
걷거나 자전거 타기, 재활용하기 등 일상에서
실천할 수 있는 친환경 습관을 재미있는 이야기로 소개합니다.
작은 선택이 지구를 바꾸는 힘이 된다는 사실, 함께 배워 볼까요?

표현 연습
★ **What does 'recycle' mean?**
'recycle'은 무슨 뜻이에요?

영어 UP
★ **Does it mean looking like a frog, or a pickle, or an alien?** 그건 개구리나 피클, 외계인처럼 보인다는 뜻일까요?

하브 루타
What can we do at home to save energy and water?
집에서 에너지와 물을 절약하려면 어떻게 해야 할까요?

May 11

가족
성장

Rock her to sleep.

아기를 흔들어서 재워요.

The New Baby _Mercer Mayer ★★

리틀 크리터가 형이 되었어요.
아기를 어떻게 다루어야 할지 몰라 당황스럽지만,
잘 해내고 멋진 형이 될 수 있겠죠? 아기 동생을 맞이하는
아이들의 마음을 따뜻하고 유머러스하게 표현합니다.
기대와 당황스러움, 책임감도 함께 담겨 있어요.

표현 연습

★ **She rocked the baby gently.**
그녀는 아기를 살살 흔들어 달랬어요. * Rock a bye baby 영미권 자장가

영어 UP

★ **She was too wiggly and floppy.**
그녀는 너무 꿈틀대면서 축 늘어져 있었어요.

What would you do if you had a new baby brother or sister?
만약 네게 새로운 아기 동생이 생기면 무엇을 하겠니?

August
19

환경
세계시민

Who could it be?

그게 누구일까?

Somebody Swallowed Stanley_ Sarah Roberts & Hannah Peck ★★

스탠리는 해파리가 아니에요! 비닐봉지죠.
하지만 바다 동물들은 그를 해파리로 착각하고
삼키려고 해요. 스탠리는 바다에 있어야 할 존재일까요?
환경 전문가 사라 로버츠가 플라스틱 오염에 대한
강력한 메시지를 전하는 책입니다.

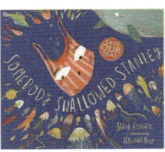

표현 연습
★ **What could it be?** 그게 뭘까요?
★ **How could it be?** 어떻게 그럴 수 있나요?

영어 UP
★ **A seagull had swallowed Stanley.**
갈매기가 스탠리를 삼켰었어요.

하브루타
Why do you think the animals swallowed Stanley?
동물들이 왜 스탠리를 삼켰을까?

May 12

My dad likes stripes.

아빠는 줄무늬를 좋아해.

My Mum and Dad Make Me Laugh _Nick Sharratt ★

자존감
다양성

점무늬를 좋아하는 엄마, 줄무늬를 좋아하는 아빠!
부모님 눈에는 단조로운 회색 옷을 입는 아들이
신기하고 재미있어 보입니다. 그런데 아이가 회색 옷을
입는 데에는 특별한 이유가 있답니다.
책 속 곳곳에 숨겨진 단서를 찾으며 즐겁게 읽어 보세요.

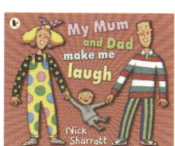

표현연습
★ **My dad likes zigzags.** 아빠는 지그재그 무늬를 좋아해요.
★ **My dad likes checks.** 아빠는 체크무늬를 좋아해요.

영어 UP
★ **My mum put on her spottiest dress.**
엄마는 점무늬가 가장 많은 드레스를 입었어요.

하브루타
How do your mum and dad make you laugh?
엄마, 아빠의 어떤 행동이 너를 웃게 하니?

August 18

자연 환경

Down below, a giant octopus swims.

저 아래에는 거대한 문어가 헤엄치고 있지.

Over and Under the Waves _ Kate Messner & Christopher Silas Neal ★★

햇살 비치는 바다 위에 바다사자가 울부짖고 갈매기가 날아요.
하지만 잔잔한 풍경 아래 물속은 전혀 다르지요.
고래, 정어리, 해파리, 표범상어가 함께 어우러지고,
늑대장어와 농어까지 바다 숲을 가득 채웁니다.
바닷속 신비와 생명을 아름답게 담은 그림책입니다.

표현 연습
★ **Down below, a worm lives.** 저 아래에는 지렁이가 살아요.
★ **Up above, clouds float.** 저 위에는 구름이 둥둥 떠다녀요.

영어 UP
★ **I still hear the sea.** 나는 아직도 바다 소리가 들려요.
★ **I still see the stars.** 나는 아직도 별들이 보여요.

하브루타
What kinds of things do you think are under the sea?
바다 아래에는 무엇이 있을 것 같니?

May

13

가족
사랑

Run wild!

거침없이 달리렴!

Stay Wild, My Child_ Amy Krouse Rosenthal & Peter H. Reynolds ★★

엄마와 함께 평범한 일상을 보내는 조이.
평범한 하루이지만 하고 싶은 것을 할 수 없는 규칙들이
여기저기 있어요. 그럴 때마다 엄마는 조이에게
다른 대안을 제시하며 조이가 하루를 즐겁게 보낼 수 있게
해 준답니다. 평범함 속에서 펼쳐지는 조이의 모험에 함께해요.

표현 연습
★ **Jump wild!** 거침없이 뛰렴!
★ **Jump softly!** 살살 뛰렴!

영어 UP
★ **Zoe jumped out of bed.**
조이는 침대 밖으로 뛰어나왔어요.

하브 루타
If you can't do something, what could you try instead?
네가 뭔가를 할 수 없다면 다른 어떤 것을 하겠니?

August 17

자연 환경

Where will it take me?

그것이 나를 어디로 데려갈까?

A River_ Marc Martin ★★

강을 따라 펼쳐지는 아름다운 상상 여행!
작은 보트를 타고 도시에서 시작해 농장, 숲, 폭포,
정글을 지나 바다에 이르는 여정을 함께해 보아요.
수상 경력에 빛나는 작가의 아름다운 일러스트와
시적인 글로 만나는 풍경이 흥미진진합니다.

표현 연습
★ **Where will it take you?** 그것이 너를 어디로 데려갈까요?
★ **Where will it take us?** 그것이 우리를 어디로 데려갈까요?

영어 UP
★ **It goes through the city.**
도시를 지나가요.

하브루타
If you travel on a boat, what would you like to see?
보트를 타고 여행한다면 무엇을 보고 싶니?

May 14

가족 회복력

He nailed it!

아빠가 해냈어!

Hair Love_Matthew A. Cherry & Vashti Harrison ★★

항암 치료 중인 엄마의 빈자리를 대신해, 딸아이의 머리 모양을 위해 애써 보는 아빠의 실화를 바탕으로 한 이야기입니다. 서투른 아빠의 좌충우돌 감동적인 이야기는 단편 애니메이션으로 제작되었고, 그것으로 2020년 제92회 아카데미상을 수상했습니다.

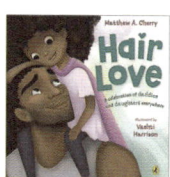

표현 연습
- ★ **You nailed it!** 너 정말 잘했어!
- ★ **I nailed the presentation.** 나는 발표를 정말 잘했어요.

영어 UP
- ★ **I have hair that has a mind of its own.**
  나는 제멋대로인 머리카락을 가졌어요.

하브루타
Why was it hard for the dad to do his daughter's hair?
아빠가 딸의 머리를 하는 게 왜 어려웠을까?

August
16

유머
운율

Frogs sit on logs.

개구리들이 통나무 위에 앉아 있어.

Frog on a Log? _ Kes Gray, Jim Field ★★

재미있는 운율로 배우는 파닉스! 동물 이름과 사물이 리드미컬하게 짝을 이루며 읽는 재미를 선사하는 책이입니다. 소리 내어 읽다 보면 파닉스가 저절로 쏙쏙! 이 책은 독자들에게 모든 동물에게는 특별히 앉을 수 있는 장소가 있다는 것을 보여 줍니다. 개구리는 어디에 앉게 될까요?

표현 연습
- ★ **Cats sit on mats.** 고양이는 매트 위에 앉아요.
- ★ **Hares sit on chairs.** 산토끼는 의자 위에 앉아요.

영어 UP
- ★ **What about a chair?** 그럼 의자는 어때요?
- ★ **What about a sofa?** 그럼 소파는 어때요?

하브루타
If you were the frog, where would you like to sit?
네가 개구리라면 어디에 앉고 싶어?

May 15

공동체 감사

My teacher would be just right!

우리 선생님이 딱이야.

My Teacher for President _Kay Winters & Denise Brunkus ★★★

우리 선생님은 친절하고, 평화주의자며, 문제 해결 능력도 탁월하신데, 대통령으로는 어떨까요? 선생님은 아이의 시선에서 너무나 완벽한 대선 후보자입니다. 선생님의 역할을 재미있게 다루며, 훌륭한 지도자의 덕목에 대해서도 배울 수 있는 책입니다.

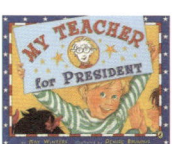

표현 연습
- ★ **This shirt is just right for me.** 이 셔츠는 내게 딱 맞아요.
- ★ **That's just right!** 그거 딱 좋네요!

영어 UP
- ★ **She believes in peace.** 그녀는 평화주의자예요.
- ★ **She is a good listener.** 그녀는 잘 경청해 주는 분이에요.

하브루타
Why does the boy want his teacher to be president?
소년은 왜 선생님이 대통령이 되면 좋겠다고 했을까?

August
15

세계시민 공동체

Peace is being free.

평화는 자유로운 거야.

The Peace Book_Todd Parr ★★

평화란 무엇일까요?
우리나라의 광복절인 8월 15일은 제 2차 세계대전이
끝난 날이기도 합니다. 평화로운 세상이 무엇인지
이야기해 보아요. 대담하고 밝은 색상의 재치 넘치는
그림책으로 평화에 대한 긍정적이고 희망적인 메시지를 만나 보세요.

★ Peace is loving each other.
평화는 서로를 사랑하는 거예요.

★ The world is a better place because of you.
이 세상은 네가 있기 때문에 더 좋은 곳이란다.

How can you make the world peaceful?
세상을 평화롭게 하기 위해서 무엇을 할 수 있겠니?

May 16

공동체 일상

Our classroom is a family.

우리 교실은 하나의 가족이야.

Our Class is a Family_Shannon Olsen & Sandie Sonke ★★

학교에서 선생님은 단순히 가르치는 것 이상의 일을 합니다. 교실이라는 공동체에서 아이들은 사랑받는 일원이라는 충만함을 느끼도록 하지요. 하루 대부분의 시간을 함께 보내는 우리 반 친구들과 선생님도 가족처럼 따뜻한 공동체라는 메시지를 담은 책입니다.

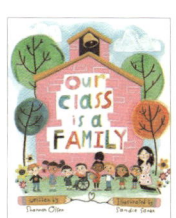

표현연습
★ **Our team is a family.**
우리 팀은 가족 같아요.

영어 UP
★ **Family doesn't have to be who you're related to.** 가족은 꼭 혈연으로만 이루어지진 않아요.

하브루타
What does it mean to be a family in the classroom?
교실에서 가족처럼 된다는 것은 무엇을 의미할까?

August 14

환경
세계시민

I can plant seeds.

씨앗을 심을 수 있어.

10 Things I Can Do to Help My World _Melanie Walsh ★★

지구를 보호하기 위해 우리가 할 수 있는 10가지 방법에 대해 알아보아요. 텔레비전 제대로 끄기, 등교길 걷기, 전등 끄기 등 여러 실천 방법이 있지요. 또 겨울철 새에게 모이 주기, 씨앗으로 식물 키우기도 있어요. 자연과 환경 보호에 대한 이해를 높여 주는 책입니다.

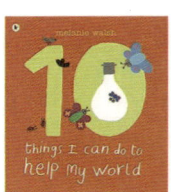

표현 연습

★ **I can plant trees.** 나무를 심을 수 있어요.
★ **I can plant flowers.** 꽃을 심을 수 있어요.

영어 UP

★ **I like to walk to school.**
　나는 학교에 걸어가는 걸 좋아해요.

하브루타

What else can you do to help the world?
세상을 돕기 위해 할 수 있는 다른 건 뭐가 있을까?

May 17

Yes, even there.
네, 심지어 그곳에서도요.

The Invisible String_Patrice Karst & Joanne Lew-Vriethoff ★★

가족 사랑

이별과 그리움, 불안과 두려움을 이겨 내고 싶나요?
따뜻한 위로가 필요한가요? 이 책이 그 답을 들려줄 거예요.
사람들 사이의 보이지 않는 연결에 대한 질문을 탐구하고
사랑에 대한 깊은 대화를 열어 주는 이 책은
어린이뿐만 아니라 어른들도 모두 공감할 수 있습니다.

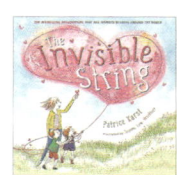

표현 연습
★ **Yes, even under the sea.** 네, 심지어 바닷속에서도요.
★ **Yes, even on the mountain.** 네, 심지어 산 위에서도요.

영어 UP
★ **You know we're always together, no matter what.** 우리가 항상 함께라는 걸 알아요, 무슨 일이 있어도.

하브 루타
Who is connected to your invisible string?
너의 보이지 않는 끈은 누구와 연결되어 있을까?

August 13

세계시민 인권

Some left-handed people are really nice.

어떤 왼손잡이들은 정말 좋은 사람들이야.

Lefty_Mo Willems & Dan Santat ★★

예전엔 단지 왼손잡이라는 이유로 차별을 받기도 했어요.
하지만 왼손잡이로 태어난 건 결코 잘못이 아니지요.
왼손잡이도 유명해지거나 평범하게 살아갑니다.
오른손잡이와 다르지 않다는 사실을 이 책에서 보여 주지요.
8월 13일은 '세계 왼손잡이의 날'이랍니다.

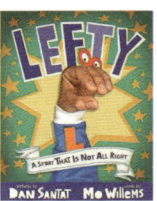

표현 연습

★ **Some people are really kind.**
어떤 사람들은 정말 착한 사람들이에요.

영어 UP

★ **They had new ideas.** 그들은 새로운 생각을 했어요.
★ **They had new habits.** 그들은 새로운 습관을 가졌어요.

하브 루타

What would be inconvenient for left-handed people?
왼손잡이로 살면 불편한 점이 뭐가 있을까?

May 18

가족 문화

It smells strange.

낯선 냄새가 나.

Grandpa Across the Ocean _Hyewon Yum ★★

미국에서 자란 소년의 한국 할아버지 방문기!
처음에는 낯설고 서먹하지만, 언어와 문화의 차이를 넘어
서로를 이해하며, 가족으로서의 유대감이 형성되는
감동적인 이야기입니다. 염혜원 작가 특유의 따뜻함과
유머로 할아버지와 손주의 아주 특별한 유대감을 표현합니다.

표현 연습
★ **It smells funny.** 냄새가 이상해요.
★ **It smells fresh.** 냄새가 상쾌해요.

영어 UP
★ **He hugs me like no other person.**
그는 남들과는 다르게 나를 안아 줘요.

하브루타
How does the boy feel when he first arrives in Korea?
소년이 한국에 처음 도착했을 때 어떤 기분이었니?

August
12

환경
협력

I really needed this.

난 이게 정말 필요했어.

Dessert Island _Ben Zhu ★★

맛있는 것 가득한 디저트 섬의 원숭이와
먹을 것이라고는 없는 사막 섬의 배고픈 여우가 있습니다.
하지만 어느 날 비가 오면서 디저트 섬은 녹아내리고,
사막 섬에서는 식물이 자라기 시작해요.
협력과 조화로운 삶의 가치를 엿볼 수 있는 책입니다.

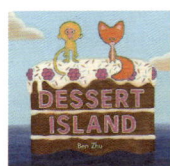

표현 연습

★ **I really needed a break.** 나는 정말 휴식이 필요했어요.
★ **I really needed a friend.** 나는 정말 친구가 필요했어요.

영어 UP

★ **I am stuck on a dessert island.**
나는 디저트 섬에 갇혔어요.

하브루타

What's the difference between the two islands?
두 섬의 차이가 뭘까?

May 19

가족 / 자연

Where's Mommy?

엄마가 어디에 있지?

Owl Babies _ Martin Waddell ★★

세 마리 아기 올빼미, 눈을 뜨자 엄마가 보이지 않아요. 사라는 커다란 나뭇가지에, 퍼시는 작은 나뭇가지에, 빌은 낡은 담쟁이덩굴 위에 앉아 엄마를 기다리며 걱정하기 시작해요. 엄마 올빼미는 어디로 갔을까요? 엄마를 보고 싶어하는 아기의 진심이 아름답게 표현된 그림책입니다.

표현연습
- ★ **Where's Dabby?** 아빠는 어디에 있나요?
- ★ **Where's John?** 존은 어디에 있나요?

영어 UP
- ★ **"She will be back." said Sarah.**
  "그녀는 돌아올 거야." 사라가 말했어요.

하브루타
How do you feel when someone you love is not there?
네가 사랑하는 사람이 곁에 없을 때 어떤 기분이 들까?

August 11

생태계 어휘

Can it be true?

그게 정말일까?

Room on Our Rock _Godfrey Jol, Kate Temple & Terri Rose Baynton ★★

살곳을 잃은 물개가 새 집을 찾아가는 이야기입니다.
앞에서부터 읽으면, 이미 살던 물개 무리들이
텃세를 부리며 쫓겨나요.
하지만 거꾸로 읽으면, 물개를 누구든지 환영한다며
따뜻하게 맞아 줍니다. 구성이 독특하고 아름다운 책이에요.

표현 연습
★ **Can it be done?** 그게 될까요?
★ **Can it be fixed?** 이거 고칠 수 있을까요?

영어 UP
★ **As you can plainly see…** 너도 똑똑히 보다시피…
★ **There's space for plenty more.** 더 많은 공간이 있어요.

하브루타
Why do animals need to share the rock?
왜 동물들은 바위를 나누어 써야 할까?

May

20

가족
다양성

I've lost my mom!

엄마를 잃어버렸어!

Monkey Puzzle _ Julia Donaldson & Axel Scheffler ★★

아기 원숭이가 엄마를 잃어버렸어요.
나비가 아기 원숭이에게 엄마 찾는 것을 도와주겠다고
나섰지만 뜻대로 되지 않아요. 매번 엄마가 아닌
다른 동물을 찾아줍니다. 나비는 왜 아기랑 똑같이 생긴
엄마 원숭이 찾기를 어려워하는 것일까요?

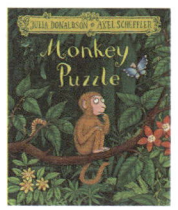

표현 연습
★ **I've lost my home!** 집을 잃어버렸어요.
★ **I've lost my bag!** 가방을 잃어버렸어요.

영어 UP
★ **You never told me.** 나에게 말한 적 없잖아요.
★ **You never showed me.** 나에게 보여 준 적 없잖아요.

하브루타
How can you find mom if you get lost?
엄마를 잃어버리면 어떻게 찾을 수 있을까?

August 10

환경 세계시민

Let our friend go!
우리 친구 놔줘!

The Odd Fish_Naomi Jones & James Jones

작은 물고기 가족은 홀로 떠다니는 이상한 물고기인 '플라스틱 병'을 만나 이것을 가족에게 돌려보내려 해요. 하지만 배가 아픈 거북이와 엉킨 문어에게도 도움이 필요하죠. 바다에 버려지는 플라스틱 문제를 유쾌한 이야기로 풀어 낸 환경 그림책입니다.

표현 연습
★ **Let me go!** 나를 놓아줘!
★ **Let my puppy go!** 내 강아지 놓아줘!

영어 UP
★ **Just follow the current.**
   그냥 물살을 따라가.

하브루타
What happened to the turtle and the octopus?
거북이와 문어에게 무슨 일이 있었지?

May 21

Parents give cuddles.

부모님은 우리를 안아 주셔.

Meet the Parents _Peter Bently & Sara Ogilvie ★★

'이거 해라, 저건 안 된다.' 부모님이 하시는 가장 중요한 일은 잔소리일까요? 하지만 부모님은 장난감도 고쳐 주고, 내 놀이의 짝꿍이 되어 주기도 하고, 나를 안아 주시고, 언제나 든든한 내 편이지요! 부모님의 사랑스런 역할을 유머러스하게 그린 책입니다.

표현 연습
★ **Parents tell stories.** 부모님은 이야기를 들려 줘요.
★ **Parents read books.** 부모님은 책을 읽어 줘요.

영어 UP
★ **Parents are handy as mending machines.**
부모님은 기계처럼 뭐든 척척 고쳐요.

하브루타
When do you feel your parents' love?
언제 부모님이 널 사랑한다고 느껴지니?

August 09

환경
인권

We come from water.

우리는 물에서 왔단다.

We Are Water Protectors _Carole Lindstrom & Michaela Goade ★★★

원주민들의 물과 자연을 지키기 위한 싸움을 이야기하는 책입니다. 물과 자연을 보호하는 것이 인류와 자연에 어떤 영향을 미치는지를 전하고 있지요. 물을 지키기 위한 원주민의 노력을 '세계 원주민의 날'인 8월 9일에 함께 읽어 보아요.

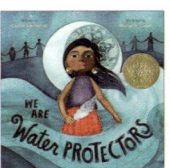

표현 연습
★ **We come from the forest.** 우리는 숲에서 왔어요.
★ **I come from Korea.** 나는 한국에서 왔어요.

영어 UP
★ **Water is sacred.**
물은 신성해요.

하브루타
How can we treat the water?
우리는 물을 어떻게 대해야 할까?

May
22

Hurry up with the breakfast.

빨리 아침을 먹으렴.

가족
배려

Piggybook _ Anthony Browne ★★★

가족 안에서 당연하게 여겨지는 엄마의 역할에 대해 유쾌하면서도 날카로운 시선으로 그려낸 이야기입니다. 집안일을 도맡아 하던 엄마가 사라지고, 남겨진 가족은 예상치 못한 변화를 겪게 됩니다. 과연 이 가족은 어떻게 달라질까요? 나의 가족에 대해서도 생각해 보세요.

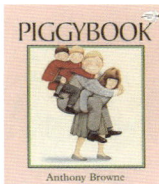

표현연습
★ **Hurry up with your homework.** 숙제를 빨리 끝내라!
★ **Hurry up with your shoes.** 신발을 빨리 신어라!

영어 UP
★ **When is Mom coming home?** 엄마는 언제 집에 오세요?
★ **When is the bus coming?** 버스는 언제 와요?

하브루타
What can you do to help your family?
너는 가족을 돕기 위해 무엇을 할 수 있을까?

August
08

환경 변화

The little house settled down.

작은 집은 안정된 상태로 자리를 잡았어.

The Little House _Virginia Lee Burton ★★

시간이 흐르면서 변화하는 환경 속에서 한 작은 집이 겪은 이야기를 보여 줍니다. 도시화와 개발에 따른 변화가 자연과 사람들에게 미치는 영향을 섬세하게 표현하고 있어요. 75년 전 작가가 지은 이 작은 집은 지금까지 어른, 아이가 모두 좋아하는 클래식이랍니다.

표현 연습
★ **After the rain, the trees settled down.**
비 온 뒤, 나무들이 자리를 잡았어요.

영어 UP
★ **The Little House settled down on her new foundation.** 작은 집은 새로운 터전 위에 자리 잡았어요.

하브 루타
How do you think the little house felt as the city grew?
도시가 커지면서 작은 집은 어떻게 느꼈을까?

May 23

가족 다양성

Dinner is my favorite meal.

저녁은 내가 가장 좋아하는 식사야.

At My Family Table _ Mandy dos Santos & Kancy Ho ★★

다른 국적을 가진 네 가족의 식탁을 만나 보아요. 문화는 각기 다르지만 식탁에 모여 사랑과 웃음을 공유하는 건 똑같습니다. 여러 나라의 다양한 음식, 식탁 문화를 탐험하며 가족이 함께 식사하는 것의 따뜻한 의미를 발견해 보는 책입니다.

★ **Breakfast is my favorite meal.**
아침은 내가 가장 좋아하는 식사예요.

★ **At my family table there are 5.**
우리 가족 식탁에는 다섯 명이 있어요.

What do you like to eat with your family?
가족이랑 무엇을 먹는 걸 좋아해?

August 07

자연 상상력

What's all this about?

도대체 이게 무슨 일이지?

Cloudland _ John Burningham ★★★

앨버트는 가족과 함께 산에 올랐어요.
아빠는 날이 어두워지기 전에 서둘러 내려가자고 재촉했지요.
그러다 앨버트가 발을 헛디뎌 떨어지고 말았어요!
다행히 구름 속 아이들이 그를 발견해 구해 주었어요.
앨버트는 구름 나라에서 어떤 모험을 하게 될까요?

표현 연습
★ **He thought of his mother and father.**
그는 엄마 아빠 생각을 했어요.

영어 UP
★ **After the rain came a beautiful rainbow.**
비가 온 뒤 아름다운 무지개가 떴어요. *책 속의 시적인 표현

하브루타
If you could reach a cloud, what would you do?
네가 구름에 닿을 수 있다면, 무엇을 하고 싶니?

May 24

가족 사랑

Grandpas are very special.

할아버지는 아주 특별하지.

The Grandpa Book _Todd Parr ★★

세상의 모든 할아버지는 다 다르답니다.
여러분의 할아버지는 어떤 할아버지인가요?
생동감 넘치는 일러스트와 단순하지만 울림이 있는
텍스트로 할아버지와 손자 사이의 특별한 연결을 보여 주는
이야기입니다. 나의 할아버지를 떠올리며 읽어 보세요.

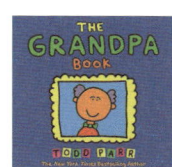

표현 연습
★ **Friends are very special.** 친구는 아주 특별해요.
★ **Teachers are very kind.** 선생님들은 아주 친절해요.

영어 UP
★ **All grandpas like to make you laugh.**
모든 할아버지들은 너희를 웃게 하는 것을 좋아한단다.

하브루타
What does your grandpa like to do?
네 할아버지는 무엇 하는 것을 좋아하시니?

August 06

환경 생태계

Our oceans need to be cared for!
우리의 바다는 소중히 다뤄져야 해!

Shana the Sea Turtle _ Bonnie Lady Lee & Peter Zafris ⭐

바다거북 샤나는 문어가 초대한 파티에 가게 되어
신이 났어요. 아름다운 바닷길을 구경할 수 있으니까요.
그런데 바닷속 친구 집까지 가는 길은 험난해서,
샤나는 그물에 걸려 숨을 쉴 수 없게 되었어요.
거북을 도와줄 수 있는 방법을 우리도 함께 생각해 보아요.

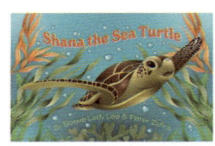

 표현 연습

★ **This flower needs to be cared for.**
이 꽃은 돌봄이 필요해요.

 영어 UP

★ **Watch out for the wet floor.** 젖은 바닥 조심해.
★ **Watch out for the car!** 차 조심해!

 **하브루타**

Why do you think the turtle needs to be careful?
왜 거북이는 조심해야 할까?

May

25

가족 사랑

Grandmas like to give you kisses.

할머니는 너에게 뽀뽀하기를 좋아해.

The Grandma Book_Todd Parr ★★

세상의 모든 할머니는 다 다르답니다.
할머니들이 손주들에게 다양한 방식으로
사랑을 표현합니다. 따뜻하게 조언도 하고, 살뜰하게
보살펴 주시지요. 뭔가를 만들어 주시기도 하고
뽀뽀도 해 주세요. 여러분의 할머니는 어떤 할머니인가요?

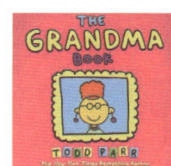

표현 연습

★ **Daddy likes to give you kisses.**
아빠는 너에게 뽀뽀하기를 좋아해.

영어 UP

★ **All grandmas are happy.** 모든 할머니들은 행복해요.
★ **All children are lovely.** 모든 어린이들은 사랑스러워요.

하브 루타

What does your grandma like to do?
네 할머니는 무엇 하는 것을 좋아하시니?

August
05

동물 색깔

Here is the blue sheep.

여기 파란색 양이 있어.

Where Is the Green Sheep? _ Mem Fox & Judy Horacek ★

초록색 양은 어디 있을까요?
장면마다 우스꽝스러운 행동을 하는 다양한 양들과
밝고 선명한 그림들이 가득한 그림책입니다.
초록색 양을 찾아 떠나는 유쾌한 여정을 함께해 보세요.
다양한 컬러와 성격을 표현하는 형용사를 쉽게 접할 수 있습니다.

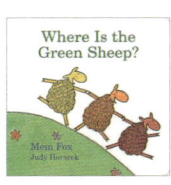

표현 연습
- ★ **Here is the red sheep.** 여기 빨간색 양이 있어요.
- ★ **Here is the green sheep.** 여기 초록색 양이 있어요.

영어 UP
- ★ **Here is the scared sheep.** 여기 무서워하는 양이 있어요.
- ★ **Here is the brave sheep.** 여기 용감한 양이 있어요.

하브루타
Which sheep do you like the most and why?
어떤 양이 제일 마음에 들어? 왜?

May 26

가족 사랑

My love will find you.

내 사랑이 너와 함께할 거야.

Wherever You Are: My Love Will Find You _Nancy Tillman ★★

사랑은 우리 아이들에게 줄 수 있는 가장 큰 선물입니다.
네가 어디에 있든지, 무엇을 하든지, 나의 사랑이
항상 함께한다는 부모님의 무한한 사랑을 담은 책입니다.
작가 낸시 틸먼의 사랑 가득한 메시지가 따스하고
감동적으로 표현되어 있습니다.

표현 연습
★ **I will find you.** 내가 널 찾을 거야.
★ **True friends will find you.** 진짜 친구들은 널 찾아낼 거야.

영어 UP
★ **Wherever you go, I will follow you.**
네가 어디를 가든, 너를 따라갈 거야.

하브루타
What do you think love is?
사랑이 무엇이라고 생각하니?

August 04

자연 생태계

I want to see bugs!

나는 곤충을 보고 싶어.

Bugs! Bugs! Bugs! _Bob Barner ★

아이들에게 친숙한 곤충들을 신나는 리듬과 함께
배울 수 있는 그림책. 알록달록한 삽화와 함께
곤충의 크기, 다리 개수, 서식지, 특징을 한눈에 볼 수 있어
자연 과학에 대한 호기심을 키우기 딱 좋아요.
실제 크기 비교표로 더욱 흥미롭게 곤충을 탐구할 준비가 되었나요?

표현 연습
- ★ **I want to see butterflies!** 나는 나비를 보고 싶어요.
- ★ **I want to see birds!** 나는 새를 보고 싶어요.

영어 UP
- ★ **I can see buggy bugs all around me!**
  내 주변에 꿈틀꿈틀 벌레들이 보여요!

하브루타
Which bug in the book is your favorite? Why?
책에 나오는 곤충 중에서 가장 좋아하는 곤충은 무엇이니? 왜 그래?

May
27

가족 성장

They were different.

그들은 달랐어.

The Tunnel_ Anthony Browne ★★★

하나도 닮은 구석이 없는 남매가 있어요.
서로의 취향도 다르고, 줄곧 싸우곤 하지요.
어느 날, 더 이상 참을 수 없던 엄마가 둘이 같이 나가라고
했어요. 집을 나선 남매는 터널을 하나 발견합니다.
터널에 들어간 오빠와 동생에게 어떤 일이 벌어질까요?

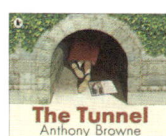

표현 연습
- ★ **They were similar.** 그들은 비슷했어요.
- ★ **They were opposite.** 그들은 반대였어요.

영어 UP
- ★ **The brother played outside.**
  오빠는 밖에서 놀았어요.

하브루타
How can you be nice to your brother/sister?
형제자매에게 어떻게 하면 잘해 줄 수 있을까?

August
03

환경 자연

Water is a long river flowing to the sea.

물은 바다로 흐르는 긴 강이란다.

Water _ Frank Asch ★

두말할 나위 없이 물은 우리 삶에 없어서는 안 되는 존재입니다. 이 책은 물의 중요성과 물이 우리 삶에 미치는 영향을 설명하고 있어요.
감각적인 일러스트를 통해 물이 어떻게 순환하고 다양한 형태로 존재하는지 보여 줍니다.

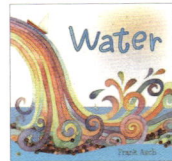

표현연습
★ **She goes to bed, reading the book.**
소녀는 그 책을 읽으며, 침대로 가요.

영어 UP
★ **Water can be soft like mist or hard like ice.**
물은 안개처럼 부드럽기도 하고, 얼음처럼 단단하기도 해요.

하브루타
Why do we need water to live?
우리가 살기 위해서 물이 왜 필요할까?

May 28

가족
유머

She dresses up in black.

그녀는 검은 옷을 입어.

My Nanna Is a Ninja _ Damon Young & Peter Carnavas ★★

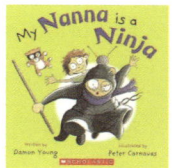

우리 할머니는 닌자예요! 검은 옷을 입고
놀라운 능력을 발휘하지요. 파란 옷을 입고 맛있는
애플 파이를 구워 주시는 할머니들과는 다릅니다.
다양한 개성과 모습을 가진 할머니들, 그리고 가족 안에서
할머니들이 얼마나 특별한 존재인지 따뜻하게 그려 낸 책입니다.

표현 연습
★ **She dresses up in red.** 그녀는 빨간 옷을 입어요.
★ **She dresses up in pink.** 그녀는 분홍색 옷을 입어요.

영어 UP
★ **Some nannas sing to music.**
   어떤 할머니는 음악에 맞춰 노래해요.

What special skill does Ninja Nanna have that you like?
닌자 할머니가 가진 특별한 점 중 네 마음에 드는 건 뭐야?

August
02

세계시민
포용

Love yourself, love the world.

너 자신을 사랑하고, 세상을 사랑하렴.

Love the World _Todd Parr ★

지금 이 세상에 필요한 것은 바로 사랑입니다.
나를 사랑하고, 우리를 둘러싼 이 세상을 사랑해요.
자존감, 환경, 타인에 대한 존중 등의 주제를 다루는
쉬운 글과 그림이 매력적입니다.
우리는 세상을 얼마나 사랑하고 있나요?

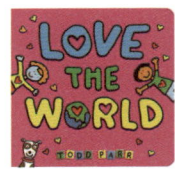

표현 연습
★ **Love your friends.** 친구를 사랑하렴.
★ **Love your neighbor.** 네 이웃을 사랑하렴.

영어 UP
★ **You can always find something to love.**
너는 언제나 사랑할 수 있는 무엇인가를 찾을 수 있을 거야.

How can you show your love to the world?
이 세상에 사랑을 어떻게 표현할 수 있니?

May 29

가족 사랑

Syd hugged grandad.

시드는 할아버지를 안아 줬어.

Grandad's Island _ Benji Davies ★★★

어느 날 할아버지 집 다락에 가게 된 시드.
그곳에는 시드가 처음 보는 것들로 가득했어요.
다락방의 문을 열고 나가자 어느새 할아버지와 시드는
커다란 배 위에 있는 것 아니겠어요? 배를 타고 할아버지와
함께 어느 섬에 도착하고 둘만의 추억을 만듭니다.

표현 연습
★ **Katie hugged mom.** 케이티는 엄마를 안아 줬어요.
★ **Katie kissed mom.** 케이티는 엄마에게 뽀뽀를 해 주었어요.

영어 UP
★ **Syd heard grandad calling.**
시드는 할아버지가 부르는 소리를 들었어요.

하브 루타
When you miss someone, what do you do?
누군가 보고 싶을 때는 어떻게 하니?

August
01

지구 자연

You live on me.

넌 내 위에서 살고 있어.

I Am Earth _Rebecca McDonald & James McDonald ★★

지구의 특징과 그 안에서 일어나는 현상들을 설명하는 책입니다. 낮과 밤, 계절의 변화, 중력의 작용 등 지구 과학의 기본 개념을 귀여운 그림과 함께 쉽게 설명하지요. 아울러 지구를 어떻게 보호해야 하는지도 다루고 있습니다.

표현 연습
★ **Birds live on trees.** 새들은 나무 위에서 살아요.
★ **Fish live in the water.** 물고기들은 물에서 살아요.

영어 UP
★ **I am the only planet you can live on.**
나는 네가 살 수 있는 유일한 행성이야.

하브루타
What does Earth provide for us?
지구는 우리에게 무엇을 제공할까?

May 30

사랑 표현

I love you this much.

나는 너를 이만큼 사랑해.

Guess How Much I Love You_Sam McBratney & Anita Jeram ★★

누군가를 매우 많이 사랑하면, 자신이 어느만큼
사랑하는지 설명하고 싶을 때가 있습니다.
이야기 속 작은 토끼와 큰 토끼도 그렇지요.
잠자리에 들기 전, 둘은 자신의 사랑이 훨씬 크다는 것을 표현하려고
애씁니다. 역시 사랑을 측정하기란 쉽지 않습니다.

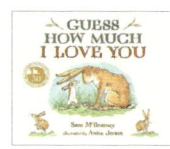

표현 연습
★ **Guess who?** 누굴까?
★ **Guess what I found?** 내가 무엇을 찾았는지 맞혀 볼래?

영어 UP
★ **I love you as high as I can reach.**
내 손을 뻗을 수 있는 높이만큼 사랑해.

하브루타
How do you show someone you love them?
너는 사랑한다는 걸 어떻게 표현해?

8월
August

생활·환경
Life·Environment

자연과 생태계는
우리에게 많은 것을 줍니다.
그러니 우리도 자연과 생태계를
건강하게 지켜 주어야겠지요.

무더위가 한창인 여름,
자연 속에 숨은 보물들을 함께 발견해 보아요.
그리고 우리가 그들을 어떻게 지켜 줄 수 있을지 함께 생각해 보아요.

참, 8월에는 '왼손잡이의 날'이 있다는 것 알고 있나요?
이 세상의 많은 왼손잡이 친구들을 함께
축하해 주어요!

May 31

가족 사랑

Would you still love me then?

여전히 나를 사랑할 거야?

I Love You, Stinky Face _Lisa McCourt & Cyd Moore ★★

아이가 엄마에게 "만약 내가 괴물처럼 변하면 어때?"
라고 물어요.
엄마는 "그래도 나는 너를 사랑하지!"라고 말하죠.
이 책을 읽는 어린이는 어떤 상황이든
부모님의 사랑은 변치 않는다는 따뜻한 마음을 느낄 수 있어요.

표현 연습
★ **Would you still hug me?**
여전히 나를 안아 줄 건가요?

영어 UP
★ **Would you like some juice?** 주스 마실래요?
★ **Would you mind helping me?** 도와줄 수 있나요?

하브 루타
Show me your silliest stinky face!
제일 못생긴 표정 지어 볼래?

July 31

계절 유머

I don't want to be in a fruit salad.

나는 과일 샐러드에 있고 싶지 않아.

The Watermelon Seed _Greg Pizzoli ★★

수박을 한 입 크게 베어 물었는데 꿀꺽!
수박 씨앗까지 삼키게 되었어요.
아이는 수박 씨앗을 삼킨 후 불안한 마음이 커져 갑니다.
과연 그 씨앗은 어떻게 될까요? 어릴 적 누구나 한 번쯤
상상해 본 그 상황이 재미나게 펼쳐집니다.

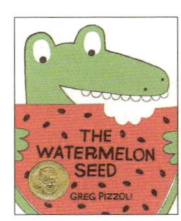

 표현 연습
★ **I don't want to eat tomato.**
나는 토마토를 먹고 싶지 않아요.

 영어 UP
★ **I just swallowed a seed!**
나는 수박씨를 삼켜 버렸어요.

 **하브루타**
What would happen if you swallowed a watermelon seed?
네가 수박 씨앗을 삼킨다면, 무슨 일이 일어날까?

6월
June

이웃·나라
Neighbor·Country

초여름이 되었어요.
화창한 날씨에 동네 한 바퀴를 돌며
우리 이웃에는 누가 살고 있는지,
우리 마을은 어떻게 생겼는지
함께 살펴볼까요?

다양한 이웃을 함께 품어 주고,
이웃과 함께 조화롭게 살아가는 모습을
그림책 속에서 만나 보아요.

나와 우리 이웃, 그리고 지구를 위해
환경도 보호해야겠지요!

July 30

자연
우정

I remember there was one tree.

나무 한 그루가 있던 것을 기억해.

Our Tree Named Steve _ Alan Zweibel & David Catrow ★★★

주인공 가족이 새로 이사간 곳에는 커다란 나무가 있었어요. 아이들은 첫날부터 나무를 좋아하고 이름도 지어 줬지요. 아이들은 나무에서 숨바꼭질도 하고, 캠핑도 하고, 빨래를 널기도 했어요.
그런데 방학이 되어 할머니집에 간 어느 날, 태풍이 몰아치는데….

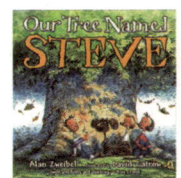

 표현 연습
★ **I remember there was an elephant.**
코끼리 한 마리가 있던 것을 기억해요.

 영어 UP
★ **Friends like this are hard to find.**
이런 친구는 찾기 어려워요.

 **하브루타**
Do you have any special things that hold your memories?
네 추억을 공유하는 특별한 무엇인가가 있니?

June
01

계절 자연

The rain is falling.
비가 내려요.

Goodbye Spring, Hello Summer_Kenard Pak ★

보슬보슬 봄비가 내리던 봄이 가고 있어요.
태양이 뜨겁게 빛나고 새로운 꽃이 피면서 여름이
다가오지요. 봄이 지나가고 여름이 오는 모습은 어떨까요?
자연과 재잘재잘 대화하며 봄과 이별하고
여름을 맞이해 보세요.

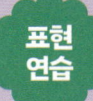
표현 연습

★ **The snow is falling.** 눈이 내려요.
★ **The water is falling.** 물이 떨어져요.

영어 UP

★ **The wind is blowing.** 바람이 불어요.
★ **The cloud is moving.** 구름이 움직여요.

하브 루타

What can you see in summer?
여름에는 무엇을 볼 수 있니?

July 29

희망 용기

You're off and away!

이제 시작이야!

Oh, the Places You'll Go! _Dr. Seuss ★★★

높이 날아올라 멋진 광경을 보는 것부터 험난한 곳에 홀로 남겨지는 것까지, 닥터 수스는 특유의 유머 넘치는 글과 삽화로 인생을 이야기합니다. 인생의 여정을 모험에 비유하여 도전과 기쁨, 좌절 등을 말하며, 독자들에게 다시 일어설 용기를 주지요.

표현 연습

★ **You're off to great places!** 넌 멋진 곳들로 가게 될 거야!
★ **You're off and away to play!** 너는 놀러 가는구나!

영어 UP

★ **Don't stew.** 마음 졸이지 마.
★ **Do you dare to go in?** 정말 들어갈 용기가 있나요?

하브 루타

What do you think the "waiting place" is about?
'기다리는 곳'은 무엇에 대해 말하는 것 같니?

June 02

자연 이웃

Tip the Bucket.

양동이를 기울이렴.

All the World _Liz Garton Scanlon & Marla Frazee ⭐

작은 조약돌부터 가족과 이웃까지, 평범하지만
이 세상을 구성하는 것들을 감성적으로 담아 낸 책입니다.
세상은 여기에도 있고, 저기에도 있고, 어디에나 있어요.
단순한 듯 결코 단순하지 않은 자연의 연결,
사람들 사이의 연결, 모든 것의 연결을 만나 보세요.

표현 연습
★ **Fill the bucket.** 양동이를 채우렴.
★ **Empty the bucket.** 양동이를 비우렴.

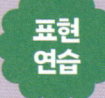

영어 UP
★ **All the world has got its sky.** 온 세상에 하늘이 있단다.
★ **All the world is you and me.** 온 세상은 너와 나란다.

하브루타
What do you think "all the world is all of us."?
'세상은 우리 모두이다'라는 말이 무슨 뜻이라고 생각해?

July 28

자존감
포용

Someone took our shell!

누가 우리 조개껍데기를 가져갔어!

Sora's Seashells _Helena Ku Rhee & Ji-Hyuk Kim, Stella Lim ★★★

주인공 소라는 여름을 맞아 미국에 놀러 오신
할머니와 함께 조개껍데기를 주우며 추억을 쌓아요.
소라는 사실 이름 때문에 학교에서 놀림을 받고
영어로 발음이 수월한 '사라'로 이름을 바꾸고 싶어 했지요.
그런 소라는 자기 이름에 담긴 놀라운 의미를 알게 됩니다.

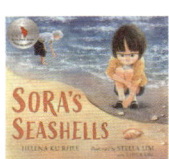

 표현 연습

★ **Someone took my seat!**
누가 내 자리에 앉았어!

 **영어 UP**

★ **Sora gave each of them a shell.**
소라는 그들 각자에게 소라껍질 하나씩을 주었어요.

하브루타

How did Sora find comfort after her grandmother passed away? 할머니가 돌아가신 후, 소라는 어떻게 위로를 받았을까?

June

03

도전
이웃

Good idea, Duck!

좋은 생각이야, 오리야!

Duck on a Bike _David Shannon ★★

어느 날 오리는 엉뚱한 생각을 합니다.
'나도 자전거를 탈 수 있을 것 같아!' 오리는 천천히,
비틀거리면서도 즐겁게 자전거를 타기 시작합니다.
신기하게 쳐다보던 동물 친구들은 어떻게 되었을까요?
6월 3일은 '세계 자전거의 날'이랍니다. 우리도 신나게 타 볼까요?

표현
연습

★ **Great idea, John.** 잘했어, 존.
★ **Good job, boy.** 얘야, 잘했어.

영어
UP

★ **Duck waved to her.** 오리가 그녀에게 손을 흔들었어요.
★ **David ran to her.** 데이빗은 그녀에게 달려갔어요.

하브
루타

Have you ever tried something new that no one else has?
전에 다른 사람이 해 보지 않은 것을 네가 먼저 시도해 본 적이 있니?

July 27

희망
우정

She was a very quiet cricket.

그녀는 매우 조용한 귀뚜라미였지.

The Very Quiet Cricket_Eric Carle ★★★

한 마리 작고 조용한 귀뚜라미가 자신의 소리를 찾아가는 여정이 담긴 이야기입니다. 귀뚜라미는 다양한 동물 친구들을 만나 함께 소리 내고 싶지만, 쉽지 않아요. 귀뚜라미는 과연 자신의 소리를 찾을 수 있을까요? 정체성에 대해 생각해 볼 수 있는 책입니다.

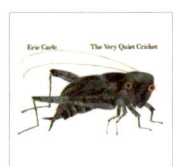

표현 연습
★ **She is a very quiet person.**
그녀는 매우 조용한 사람이에요.

영어 UP
★ **He tried and tried to make a sound.**
그는 소리를 내 보려고 계속 노력했어요.

하브루타
How do you think the cricket felt when it finally found its sound? 귀뚜라미가 마침내 소리를 찾았을 때, 어떤 기분이었을까?

June 04

공동체 나눔

What's the matter?
무슨 문제가 있어?

The Smartest Giant in Town_Julia Donaldson & Axel Scheffler ★★

마을에서 가장 똑똑한 거인 조지를 만나 보세요.
나눔과 배려의 가치를 전하는 이야기입니다.
경쾌한 리듬과 개성 넘치는 그림이 어우러져,
읽는 내내 즐거움을 줍니다. 따뜻한 마음이 무엇인지
자연스럽게 느낄 수 있는 이야기, 궁금하지 않나요?

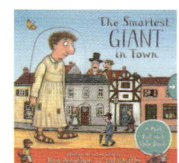

 **표현 연습**
★ **What's wrong?** 뭐가 문제야?
★ **What's up?** 무슨 일이야?

 영어 UP
★ **I wish I had a long warm scarf!**
긴 따뜻한 목도리가 있었으면 좋겠어요.

 **하브루타**
George lost his clothes, but why was he still happy?
조지는 옷을 잃었는데도 왜 행복했을까?

July 26

공동체 모험

It flew!

날아갔어!

The Lost Package _ Richard Ho & Jessica Lanan ★★

이 소포도 처음에는 빈 상자였지만 무언가 담기고
정성스럽게 포장되어 우체국을 떠났습니다.
하지만 목적지에 도착하기 전에 길을 잃고 말았어요.
잃어버린 소포는 목적지에 닿을 수 있을까요? 작가의 아버지가
우체국에서 일하셨던 기억을 바탕으로 만든 책입니다.

표현 연습
★ **The bird flew.** 새가 날았어요.
★ **It flew away.** 그것이 날아가 버렸어요.

영어 UP
★ **The package was tattered and muddy.**
그 소포는 너덜너덜하고 더러웠어요.

하브루타
Why was the package special?
그 소포는 왜 특별했을까?

June 05

환경
이웃

I didn't know what to think!

어떻게 생각해야 할지 도저히 모르겠어!

The Life of a Little Plastic Bottle_ IglooBooks & Gisela Bohórquez ★★★

선반 위에 있던 플라스틱 병은 손님이 자신을 데려가자 누군가에게 도움이 된다는 것이 기뻤어요. 플라스틱 병을 가져간 손님은 물을 다 마시고는 버리지 않고 다시 물을 담았지요. '환경의 날'을 기념해 작은 플라스틱 병의 모험을 따라가면서 재활용의 자원 순환을 경험해 보세요.

표현연습

★ **I didn't know what to say!**
뭐라고 말해야 할지 몰랐어요.

영어 UP

★ **How nice to see so many other bottles just like me!** 나처럼 생긴 많은 다른 병들을 볼 수 있어서 정말 좋았어요.

하브루타

What can you recycle?
무엇을 재활용할 수 있을까?

July 25

모험 성장

It could be worse.

이만하길 다행이야.

It Could Be Worse _Einat Tsarfati ★★

항해를 떠나는 두 친구 이야기입니다. 알베르티니는 모든 일에 위협을 느끼고 겁을 내지만, 조지는 늘 긍정의 마음을 잃지 않아요. 고래에게 먹히는 위험에서도 말이지요. 두 친구는 무사히 항해를 마칠 수 있을까요? 어려움을 극복하는 태도에 대해 생각해 보세요.

표현 연습
★ **It could be fun!** 재밌을 수도 있어요!
★ **It could be in your bag.** 네 가방 안에 있을 수도 있어.

영어 UP
★ **They all sailed off toward a new day.**
그들은 새로운 시작을 향해 항해를 떠났어요.

하브 루타
What does the story teach us?
이 이야기는 우리에게 무엇을 가르쳐 줄까?

June 06

평화 가족

We must stop and remember.

우리는 멈추고 기억해야 해.

Lest We Forget_Kerry Brown & Benjamin Portas, Isobel Knowles ★★

할아버지가 말씀하셨어요. 어떤 날은 기억하고 싶고, 어떤 날은 기억하고 싶지 않다고요. 'Lest we forget'은 영미권에서 전쟁에 희생된 사람들을 잊지 말자는 뜻으로 쓰는 표현입니다. 호주의 전쟁 기념일 ANZAC 데이가 배경인 이 책을 통해 우리나라 현충일의 의미를 생각해 보아요.

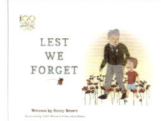

표현 연습
★ **We must go and tell.**
우리는 가서 이야기해 주어야 해요.

영어 UP
★ **I remember my first day of school.**
학교 첫 날을 기억해요.

하브 루타
What can we do to remember our history?
역사를 기억하기 위해서는 무엇을 할 수 있을까?

July 24

가족
유머

I don't know how to swim!

나는 수영하는 법을 몰라!

Froggy Learns to Swim _ Jonathan London & Frank Remkiewicz ★★

프로기는 수영을 하고 싶지만, 물이 두려워요.
하지만 부모님의 격려를 받으며 수영을 배우고
물 속에서 신나는 모험을 경험하게 되지요.
어린 개구리의 천진난만한 대사와 생생한 의성어는
소리 내어 읽기 더할 나위 없이 좋습니다.

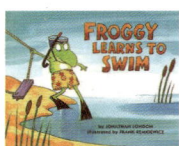

표현 연습

★ **He knows how to cook.**
그는 요리할 줄 알아요.

영어 UP

★ **He jumped into the water.**
그는 물속으로 뛰어들었어요.

하브루타

How did Froggy overcome his fear?
Froggy는 어떻게 두려움을 극복했을까?

June
07

이웃 포용

It's okay to be short.
키가 작아도 괜찮아.

The Okay Book _Todd Parr ★

사람들은 다 달라요. 키가 큰 사람도 있고,
작은 사람도 있어요. 주근깨가 많은 사람도 있고
교정기를 낀 사람도 있어요. 때로는 짝짝이 양말을
신어도 괜찮아요. 누구나 다 다른 모습으로 살아가지만
다 괜찮답니다!

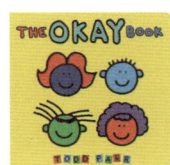

표현 연습
- ★ **It's okay to wear glasses.** 안경을 껴도 괜찮아요.
- ★ **It's okay to have no hair.** 머리카락이 없어도 괜찮아요.

영어 UP
- ★ **It's okay to try new things.**
  새로운 것을 시도해도 괜찮아요.

하브루타

What do you want to say okay about?
무엇이 괜찮다고 말할 수 있을까?

July 23

자연 유머

Are you keeping up?

잘 지키고 있니?

Smug Seagull_ Maddie Frost ★★★

바닷가에서 사람들의 과자 빼앗기 선수인 갈매기. 갈매기는 자기보다 빠르고 민첩한 것은 없다고 자만하지만, 어느 날부터인지 사람들이 갈매기를 잘 막아 내기 시작하지요. 실제로 갈매기에게 샌드위치를 통째로 뺏긴 경험이 있는 작가가 쓴 재미있는 이야기입니다.

표현 연습
★ **I can't keep up!** 나 못 따라가겠어!
★ **Keep up the good work!** 계속 열심히 해!

영어 UP
★ **Being the best is a big deal.**
　최고가 되는 건 대단한 거예요.

하브 루타
Why do you think the seagull was called "smug"?
왜 '으스대는' 갈매기라고 불렸을까?

June 08

공동체 포용

We all are neighbors here.

우리 모두는 이곳에서 이웃이란다.

All Are Neighbors_ Alexandra Penfold & Suzanne Kaufman ★★

다양한 사람들이 함께 어울리며 만들어 가는
따뜻한 공동체 이야기입니다. 서로 다름을 존중하고,
포용과 사랑이 넘치는 동네에서 새로운 친구와 함께하는
반짝반짝 환영 파티에 초대합니다!
우리 모두는 이웃이니까요.

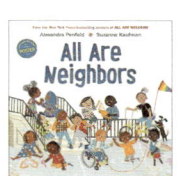

★ **We all are friends here.** 우리 모두 이곳에서 친구예요.
★ **We all are family here.** 우리 모두 이곳에서 가족이에요.

★ **Come along and you'll see.**
함께 가면 알게 될 거예요.

How do you welcome your new neighbor?
새로운 이웃을 어떻게 환영해 줄 수 있을까?

July 22

도전
유머

Guess what happened.

무슨 일이 있었는지 맞혀 봐.

Stuck _Oliver Jeffers ★★★

플로이드는 나무에 걸린 연을 꺼내려 애씁니다.
연을 향해 신발을 던졌지만 신발마저 걸리고 말았지요.
오랑우탄, 보트, 심지어 현관문까지 던집니다!
해결은커녕 상황은 점점 더 엉뚱해지고….
플로이드는 과연 연을 꺼낼 수 있을까요?

표현
연습

★ **Guess what?** 맞혀 봐!
★ **Guess who?** 누굴까?

영어
UP

★ **He threw up his other shoe.** 그는 다른 신발을 던졌어요.
★ **He threw the ball up.** 그는 공을 높이 던졌어요.

하브
루타

What suggestions would you give to Floyd?
어떤 조언을 플로이드에게 해 주겠니?

June
09

동물 자연

They all lived together.
그들은 모두 함께 살았어.

Big Red Barn_Margaret Wise Brown & Felicia Bond ★★

농장의 하루가 시작됩니다. 금빛 풍향계가 빙글빙글 돌고, 건초더미가 가득 쌓여 있어요. 수탉이 울고, 소와 말, 염소가 저마다 소리를 내지요. 해가 지고 밤이 찾아오면 모두 조용히 잠자리에 들어요. 농장의 하루를 따라가며 책 속 체험 학습을 해 볼까요?

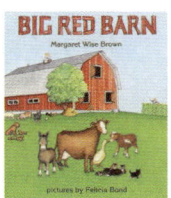

표현 연습
★ **They all played together.**
그들은 모두 함께 놀았어요.

영어 UP
★ **There was a big pile of hay.**
큰 건초 더미가 있었어요.

하브 루타
What animals can you see on the farm?
농장에서 어떤 동물을 볼 수 있었니?

July 21

계절 유머

I am not forgetting about school.

나는 학교에 대해 잊지 않고 있어.

Ice Cream Summer _Peter Sis ★★★

무더운 여름날, 더위를 시원하게 날려 줄 아이스크림의 매력에 빠져 보세요! 이 책은 아이스크림에 관한 다양한 정보와 재미있는 상상력을 자극하는 이야기로 가득합니다. 매일 책을 읽고 수학 문제도 풀고 있다는 주인공의 재치 있는 자랑도 귀여워요.

 표현 연습
★ **I forget about her promise.**
나는 그녀의 약속을 기억하지 못해요.

 영어 UP
★ **I practice my math facts.**
나는 수학 기본 문제를 연습해요.

 **하브루타**
What kind of ice cream would you like to eat on a hot summer day? 더운 여름날 어떤 아이스크림을 먹고 싶어?

June 10

공동체 / 자연

Help me find Mondi.

몬디 찾는 걸 도와줘.

Handa's Hen _ Eileen Browne ★★

한다는 케냐 루오 부족의 소녀예요.
매일 아침 할머니의 검은 닭 몬디에게 먹이를 주는데,
오늘은 몬디가 보이지 않아요. 친구 아케요와 함께
몬디를 찾아 나선 한다는 나비, 도마뱀 등 다양한 동물을 만나며
마을을 둘러봅니다. 과연 몬디는 어디에 있을까요?

표현 연습

★ **Help me find my toy.** 내 장난감 찾는 걸 도와주세요.
★ **Help me find my socks.** 내 양말 찾는 걸 도와주세요.

영어 UP

★ **I can see your friend.** 네 친구가 보여요.
★ **I can see four little lizards.** 작은 도마뱀 네 마리가 보여요.

하브루타

Why do you think Handa was happy at the end?
한다는 마지막에 왜 기뻤을 거라고 생각해?

July 20

모험
우정

Mom asked her to be brave.

엄마는 그녀에게 용기를 가지라고 했어.

Knuffle Bunny Free _Mo Willems ★★

트릭시 가족은 네덜란드에 사는 할머니, 할아버지를 방문합니다. 비행기를 타는 것만큼 신나는 일은 없어요. 트릭시는 이번에도 토끼 인형을 가져갔어요. 할머니, 할아버지는 트릭시를 매우 반겨줍니다. 그런데 트릭시는 뭔가 허전한 느낌이 드는데….

표현 연습

★ **Dad asked her to be patient.**
아빠는 그녀에게 인내하라고 했어요.

영어 UP

★ **She noticed something.**
그녀는 뭔가를 발견했어요.

하브 루타

Have you ever given something precious to someone else? 소중한 무엇인가를 다른 누군가에게 준 적 있니?

June 11

Where is your home?

너의 집은 어디에 있니?

Home_Carson Ellis ★

가족
다양성

'집'의 의미를 되새겨 볼 수 있는 책입니다.
어린이들에게는 다양한 환경과 삶의 모습을 보여 주고,
어른들에게는 집과 삶의 의미를 돌아보게 하는
깊은 메시지를 전합니다. 감성적인 그림책과 함께
스스로에게 질문하는 시간을 가져 보세요.

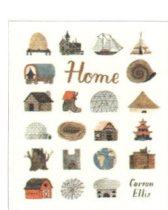

표현 연습
★ **Where is your school?** 너의 학교는 어디에 있니?
★ **Where is your bag?** 네 가방은 어디 있어?

영어 UP
★ **Who in the world lives here?**
세상에, 여기에는 누가 살고 있을까요?

하브 루타
What does your dream home look like?
네가 꿈꾸는 집은 어떤 모습이야?

July
19

계절
모험

Rae loves the beach.

레이는 해변을 좋아해.

Sandcastle_Philip Bunting ★★

해변을 좋아하는 레이는 멋진 모래성을 만들고 싶어요.
할아버지와 함께 높은 탑을 쌓고, 튼튼한 성벽을 세우고,
깊은 해자도 파지요.
이 성은 과연 밀려오는 파도를 막아 낼 수 있을까요?
삶의 썰물과 밀물을 아름답게 탐구하는 그림책입니다.

표현 연습

★ **Rae loves the sand.** 레이는 모래를 좋아해요.
★ **Rae loves the waves.** 레이는 파도를 좋아해요.

영어 UP

★ **They raise the great ramparts.**
그들은 큰 성벽을 쌓아요.

하브루타

Why do you think Rae decided to build another sandcastle?
왜 레이는 다시 모래성을 만들기로 했을까?

June 12

이웃 일상

The city morning has begun.

도시의 아침이 시작되었어.

Wake Up, City! _Erica Silverman & Laure Fournier ★★

아침 일찍 길을 나서는 아빠와 딸.
아직 어둑어둑한 동네를 거닐며 동이 트고
점차 활기를 띠는 이웃들의 모습이 그려집니다.
아름다운 그림책에서 아빠와 딸의 아침 풍경을 함께
느껴 보세요. 운율감 넘치는 글도 매력으로 다가옵니다.

표현 연습
★ **The show has begun.** 공연이 시작되었어요.
★ **Spring has begun.** 봄이 시작되었어요.

영어 UP
★ **It's growing light.** 점점 밝아지고 있어요.
★ **Store gates roll up.** 가게 문들이 올라가며 열려요.

하브루타
What do you see in the morning that makes the city wake up?
아침에 도시가 깨어 있고 활기차게 느껴지게 만드는 것은 무엇이니?

July
18

모험
우정

Were they scared?
그들은 무서웠을까?

Scary Night_ Lesley Gibbes & Stephen Michael King ★

어느 무서운 밤, 세 친구가 어둠을 뚫고 달빛에 의지한 채 길을 나섰어요. 모자를 쓴 토끼, 케이크를 든 고양이, 소포를 든 돼지는 무서움을 이겨 내며 살금살금 걸어갑니다. 그들은 어디로 가는 걸까요? 수상한 그들의 여정을 함께 따라가 봐요.

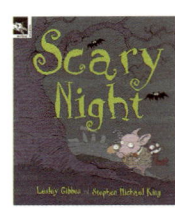

표현 연습

★ **Were they surprised?** 그들은 놀랐을까요?
★ **Were they hungry?** 그들은 배고팠을까요?

영어 UP

★ **Did they shake?** 그들은 떨었나요?
★ **Did they give up?** 그들은 포기했나요?

하브루타

Why didn't they give up the scary adventure?
왜 그들은 무서운 모험을 포기하지 않았을까?

June 13

이웃 다양성

There's nothing wrong with being me.

내가 내 자신인 것은 절대 잘못된 것이 아니야.

Odd Dog Out _Rob Biddulph ★ ★

모두가 바쁘게 사는 세상. 그런데 여기 눈에 띄는 강아지 한 마리가 있어요. 모두가 비슷한 모습을 하고 있는 가운데 눈에 띄는 이 강아지. 강아지는 더 이상 달라 보이고 싶지 않아 가방을 싸고 마을을 떠나기로 합니다. 어떤 일이 펼쳐질까요?

 표현 연습

★ **There's nothing wrong with being slow.**
느린 것은 잘못된 것이 아니에요.

 영어 UP

★ **Being different is really great.**
다른 것은 정말 멋진 일이에요.

 하브루타

Have you ever felt that you were odd compared to others?
네가 다른 사람들과 다르다고 느껴 본 적 있니?

July 17

유머 여행

We're off!

출발한다!

Beach Day! _Patricia Lakin & Scott Nash ★

샘, 팸, 윌과 질은 바닷가에 가려고 나섰는데,
가는 길에 놀이터도 보이고 공원도 보여요.
그곳에서 놀다 보니 피곤해져서 낮잠도 늘어지게 자네요.
이 친구들은 과연 바닷가에 무사히 도착할 수 있을까요?
유머가 돋보이는 귀여운 이야기입니다.

표현 연습
★ **We're off to the beach!** 우리는 해변으로 가요!
★ **We're off on vacation!** 우리는 휴가를 떠나요!

영어 UP
★ **They slept past one.** 그들은 1시가 넘도록 잤어요.
★ **It's past your bedtime.** 네가 잘 시간이 지났어.

하브루타
What did the alligators do at the beach?
악어들이 해변에서 뭐 했지?

June
14

삶
축복

Blessed is the love.

사랑은 축복이야.

In Every Life _ Marla Frazee ★

모든 사람들의 삶에는 기쁨, 슬픔, 경이로움과
신비로움이 존재합니다. 그러한 삶이어서
더 소중한지도 모르지요. 칼데콧 수상 작가의
빛나는 그림과 힘 있는 글로 삶의 크고 작은 경험과 감정을
만나 보세요. 아이와 어른 누구에게나 울림이 있습니다.

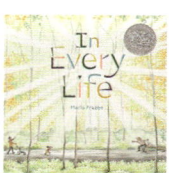

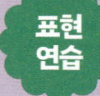

표현 연습
- ★ **Blessed is the wonder.** 경이로움은 축복이에요.
- ★ **Blessed is the doing.** 행동하는 것은 축복이에요.

영어 UP
- ★ **Bright is the sun.** 태양은 밝아요.
- ★ **Brave is the child.** 아이는 용감해요.

하브루타
What kind of things can you do to help or bless other people?
다른 사람들을 돕거나 축복할 수 있는 좋은 행동들에는 무엇이 있을까?

July 16

숫자 생태계

1 is a snail.

1은 달팽이야.

One Is a Snail, Ten Is a Crab _April Pulley Sayre, Jeff Sayre & Randy Cecil ⭐

일광욕 중인 달팽이 백 마리와 게 열 마리의 공통점은 무엇일까요? 발에 초점을 맞춘 재미있는 수 세기 책에서 알아보세요. 큰 발과 작은 발, 사람과 거미, 개와 곤충, 달팽이와 게의 발을 세면서 1부터 100까지를 배워 봅니다. 기발한 방식으로 수와 가까워지는 책입니다.

표현 연습
★ **2 is a person.** 2는 한 사람이에요.
★ **3 is a person and a snail.** 3은 한 사람과 달팽이 한 마리예요.

영어 UP
★ **7 is an insect and a snail.**
7은 곤충 한 마리와 달팽이 한 마리예요.

하브루타
How can you make the number 12 using animals from the story? 책에 나온 동물들을 이용해 숫자 12를 만들려면 어떻게 해야 할까?
* 다양한 숫자들로 응용해 보세요!

June 15

공동체 이웃

Who is baking the biscuit?

누가 비스킷을 굽고 있지?

The Biscuit Maker _ Sue Lawson & Liz Anelli ★★

메이븐 로드 사람들은 바쁜 일상 속에서 인사할 시간도 없어요. 베네딕트 스탠리는 이웃들을 위해 비스킷을 만들어 몰래 주기 시작하고, 사람들은 이 미스터리한 비스킷을 만드는 사람이 누군지 궁금해해요. 과연 사람들은 이 따뜻한 마음의 주인공을 알게 될까요?

 표현 연습
- ★ **Who is baking the cake?** 누가 케이크를 굽고 있나요?
- ★ **Who is baking the pizza?** 누가 피자를 굽고 있나요?

 영어 UP
- ★ **Benedict Stanley wheezes and sneezes.**
  베네딕트 스탠리는 쌕쌕거리고 재채기를 해요.

 하브루타
What nice things can you do to make your neighbor happy?
어떻게 하면 이웃을 행복하게 해 줄 수 있을까?

July
15

모험
유머

Can we come with you?

우리가 같이 가도 돼요?

Mr. Gumpy's Outing _ John Burningham ★★

강가에 사는 검피 할아버지는 어느 날 작은 배를 타고
나갑니다. 할아버지가 나들이 가는 것을 보고 아이들이
따라가고 싶어합니다. 이어서 오리, 고양이, 강아지,
그리고 그 뒤로도 많은 친구들이 함께 배를 타겠다고 해요.
이렇게 많은 친구들이 타도 괜찮을까요?

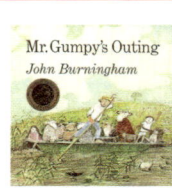

표현 연습
★ **Can I come along?** 제가 같이 가도 돼요?
★ **Will you take me with you?** 나도 같이 데려가 줄래요?

영어 UP
★ **Don't squabble.** 티격태격하지 마세요.
★ **Don't tease the cat.** 고양이를 놀리지 마세요.

하브루타
If you could bring one animal on the boat, which one would you choose? 배에 동물을 데려간다면, 어떤 동물을 데려가겠니?

June 16

이웃 호기심

Who is she waiting for?

그녀는 누구를 기다리고 있는 것일까?

Twenty Questions _ Mac Barnett & Christian Robinson ★

사자는 양에게 생일 선물로 무엇을 주었을까요?
그녀는 누구를 기다리는 것일까요? 누가 더 노래를
잘할까요? 이 세상에는 수많은 질문들이 있어요.
칼데콧 수상 작가의 밝고 기발한 그림과 함께
20개의 생생한 질문을 만나 보세요.

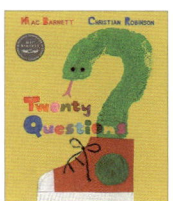

표현 연습

★ **What is she looking for?**
그녀는 무엇을 찾고 있는 것일까요?

영어 UP

★ **Who is on the other side of this door?**
이 문 다른 쪽에는 누가 있을까요?

하브루타

Do you have any questions?
너는 어떤 질문이 있니?

July 14

자연 동물

Dolphins jump.

돌고래가 점프하네.

Summer Rain_Ros Moriarty & Balarinji ★

우기의 호주를 배경으로 다양한 동물과 함께 하루를 담은 그림책입니다. 아침 햇살 속에 땅이 깨어나고, 비가 떨어지며 모든 것이 살아납니다. 원주민 예술로 자연의 변화를 섬세하게 표현하며, 시간이 흐름에 따라 변하는 색감을 주의 깊게 살펴보세요.

표현 연습
★ **Kangaroos jump.** 캥거루가 점프해요.
★ **Rabbits jump.** 토끼가 점프해요.

영어 UP
★ **Wind scatters dancing leaves.**
바람이 춤추는 나뭇잎을 흐트러트려요.

하브루타
How did you feel when the colors changed in the book?
책에서 색깔들이 바뀔 때 느낌이 어땠어?

June 17

공동체 우정

She chose green.

그녀는 초록색을 골랐어.

The Concrete Garden_Bob Graham ★★

15층 높은 건물에 사는 아만다는 박스를 들고 거리로 나왔어요. 그 안에는 알록달록한 분필이 가득했지요. 아만다는 아이들과 함께 회색 콘크리트 바닥을 화려한 정원으로 바꿔 놓아요.
공동체의 힘과 희망을 담은 따뜻한 이야기입니다.

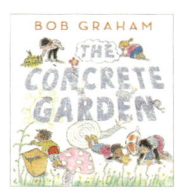

 **표현 연습**
★ **She chose yellow.** 그녀는 노란색을 골랐어요.
★ **She chose purple.** 그녀는 보라색을 골랐어요.

 영어 UP
★ **Someone drew butterflies and balloons.**
누군가가 나비와 풍선을 그렸어요.

 **하브루타**
Why do you think Amanda started to drew on the floor?
아만다는 왜 바닥에 그림을 그리기 시작했을까?

July 13

문제해결
계절

No more fish and chips!

더 이상 피시앤칩스는 안 돼!

Chip_Kylie Howarth ★★

갈매기 칩은 피시앤칩스를 아주 좋아해요!
칩이 감자튀김 부스러기를 너무 찾아다니니,
결국 가게 주인이 "갈매기에게 먹이를 주지 마세요!"라는
팻말을 세우게 되죠. 하지만 칩은 포기하지 않고
기막힌 아이디어를 떠올립니다.

표현 연습

★ **No more ice cream!**
   더 이상 아이스크림은 안 돼!

영어 UP

★ **He couldn't wait for leftovers.**
   음식이 남을 때까지 기다릴 수 없었어요.

하브루타

Why did the shop owner ask people not to feed the gulls?
왜 가게 주인은 갈매기에게 먹이를 주지 말라고 했을까?

June 18

환경
이웃

I don't want to hug.

나는 안고 싶지 않아.

Nobody Hugs a Cactus _Carter Goodrich ★★★

행크는 까칠한 선인장입니다. 그는 화분에 앉아
조용히 지내는 걸 좋아하죠. 시끄러운 것도,
소란스러운 것도, 무엇보다 포옹은 정말 싫어합니다.
하지만 문제는 아무도 그를 안아 주려 하지 않는다는 겁니다.
그러던 중 행크는 깨닫습니다. 혼자 있는 건, 생각보다 외롭다는 걸요.

표현 연습
★ **I don't want to run.** 나는 달리고 싶지 않아요.
★ **She didn't want to sleep.** 그녀는 자고 싶지 않았어요.

영어 UP
★ **Shouted tortoise.** 거북이가 소리쳤어요.
★ **Yelled the boy.** 소년이 소리를 질렀어요.

하브 루타
Why do you think Hank changed?
행크가 왜 바뀌었다고 생각하니?

July

12

계절 유머

Pitching a tent is not easy.

텐트를 치는 것은 쉬운 일이 아니야.

Maisy Goes Camping _Lucy Cousins ★

메이지와 친구들이 캠핑을 가요. 텐트를 치는 것은
쉽지 않아요. 무너지기도 하지만 다시 함께 만들어요.
캠프 파이어 근처에서 노래도 불러요.
이제 잠자리에 들 시간이 되었어요.
친구들이 모두 다 함께 텐트 안에서 잘 수 있을까요?

 표현 연습

★ **Baking a cake is not easy.**
  케이크를 굽는 것은 쉬운 일이 아니에요.

영어 UP

★ **Everyone worked together.** 모두 다 함께 일했어요.
★ **Everyone ate together.** 모두 다 함께 먹었어요.

 **하브 루타**

If you went camping, what would you bring?
네가 캠핑을 간다면, 무엇을 가져가고 싶니?

June 19

나눔 이웃

Of course, come in.

물론이지, 들어와.

The Tiger Who Came to Tea _ Judith Kerr ★★

누군가 문을 두드릴 때, 우리는 어떻게 반응할까요?
소피네 집에 찾아온 예상치 못한 손님, 줄무늬 호랑이!
낯선 이웃을 따뜻하게 맞이하고,
함께하는 즐거움을 발견하는 이야기를 만나 보세요.
소리 내어 몇 번이고 읽기에 완벽한 글입니다.

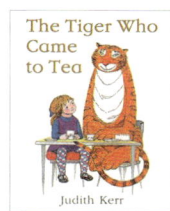

표현 연습

★ **Of course, have a seat.** 물론이죠, 앉으세요.
★ **Of course, help yourself.** 물론이죠, 마음껏 드세요.

영어 UP

★ **Do you think I could have tea with you?**
나도 너랑 함께 차를 마실 수 있을까?

하브 루타

Do you think the tiger was a good guest? Why or why not?
호랑이는 좋은 손님이었을까? 왜 그렇게 생각해?

July
11

세계시민 포용

There is enough for everyone.

모두에게 충분히 있단다.

Here We Are _ Oliver Jeffers ★★★

따뜻하고 직관적인 일러스트로 지구를 소개합니다. 우리가 사는 세상을 소중히 여겨야 한다는 것을 일깨워 주지요. 세계 시민의 소양에 대해 아빠가 아들에게 들려주는 책이에요. '세계 인구의 날'에 함께 읽어 보세요.

표현 연습

★ **There is enough cake for everyone.**
모두에게 충분한 케이크가 있어요.

영어 UP

★ **The land is what we walk on.**
이 땅은 우리가 걸어다니는 곳이에요.

하브루타

How do you take care of the Earth?
지구를 어떻게 돌보아야 할까?

June 20

I learned about volcanoes.
나는 화산에 대해 배웠어.

The Day War Came _ Nicola Davies & Rebecca Cobb ★★★

평화
세계시민

엄마 아빠와 아침을 먹고 학교에 간 평범한 날이었어요. 갑자기 폭탄이 터지고 귀를 찢는 듯한 소리가 나며 연기가 가득했어요. 그리고 전쟁이 모든 것을 가져가 버렸어요. 6월 20일은 '세계 난민의 날'입니다. 지금도 전쟁 속에 살아가는 친구들을 위해 우리가 할 수 있는 일을 생각해 보아요.

 **표현연습**
★ **Noise that I didn't understand.**
이해할 수 없는 소리였어요.

 영어 UP
★ **My footsteps echoed in the hall.**
복도에서 내 걸음 소리가 울렸어요.

 **하브루타**
How can you show kindness to children living in war?
전쟁에 있는 친구들을 위해 무엇을 할 수 있을까?

July 10

도형 유머

He walked past shapes.

그는 모양들을 지나갔어.

Triangle_Mac Barnett & Jon Klassenn ★★

장난꾸러기 세모는 친구 네모에게 장난을 치고 싶었어요.
여러 모양들을 지나 네모를 골탕 먹이러 갔지요.
하지만 골탕 먹은 네모도 가만히 있을 리 없죠.
도망가는 세모를 따라가다 세모 집 안으로 들어가는데….
과연 네모는 세모를 잡을 수 있을까요?

표현 연습

★ **He walked past shops.**
그는 가게들을 지나갔어요.

영어 UP

★ **He was laughing too hard.** 그는 너무 심하게 웃었어요.
★ **She was crying too hard.** 그녀는 너무 심하게 울었어요.

하브루타

Why do you think Triangle wanted to play a sneaky trick on Square? 세모는 왜 네모에게 장난을 치고 싶었을까?

June 21

자연 계절

I love catching fireflies.

나는 반딧불이 잡는 것을 좋아해.

It's a Firefly Night! _Dianne Ochiltree ★★

달이 밝고 별이 반짝이는 밤, 아빠가 말했어요.
반딧불이가 나오는 밤이라고. 바람을 따라
신나게 반딧불이를 잡은 아이. 그렇지만 반딧불이가
자기만의 것이 아니라는 것을 알고 있답니다.
한여름 밤에 반딧불이를 잡는 추억을 만들어 보는 것은 어떨까요?

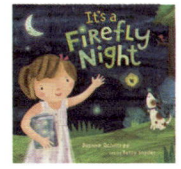

표현 연습
★ **I love eating fruits.** 과일 먹는 것을 좋아해요.
★ **I love making sandcastles.** 모래성 만드는 것을 좋아해요.

영어 UP
★ **Grass tickles my toes.** 풀이 발가락을 간지럽혀요.
★ **Daddy tickles my tummy.** 아빠가 배를 간지럽혀요.

하브루타
If you catch fireflies, what would you do?
반딧불을 잡는다면 어떻게 하겠니?

July
09

일상
의성어

Toddle waddle

뒤뚱뒤뚱

Toddle Waddle _ Julia Donaldson & Nick Sharratt ★

귀여운 아기와 친구들이 해변으로 떠나는 이야기로,
다양한 소리와 반복적인 리듬이 가득한 책입니다.
작가 특유의 운율감 있는 문장과 장난스러운 삽화가
어우러져, 아이들이 자연스럽게 소리에 반응하고 책 읽기에
흥미를 느낄 수 있도록 도와줍니다.

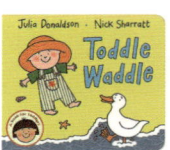

표현
연습

★ **Baby toddle waddle.** 아기가 뒤뚱뒤뚱 걸어요.
★ **Duckling toddle waddle.** 아기 오리가 뒤뚱뒤뚱 걸어요.

영어
UP

★ **Hurry scurry.** 허둥지둥 (뛰다.)
★ **Flip flop.** 퍼덕퍼덕 (움직이다.)

하브
루타

Can you make the sound?
직접 소리를 내 볼 수 있어?

June
22

일상 공동체

You can do it!
넌 할 수 있어!

Maisy's Sports Day_ Lucy Cousins ★★★

메이지와 친구들이 운동회를 해요.
청팀과 홍팀으로 나누어서 겨루지요.
친구들은 운동회에서 어떤 경기를 할까요?
경기에서 이기는 것도 좋지만,
더 중요한 것은 함께 즐기는 것이랍니다.

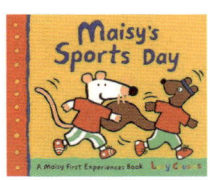

표현 연습
- ★ **Gather around.** 모두 모여 보아요.
- ★ **It is very tricky.** 이건 정말 쉽지 않아요.

영어 UP
- ★ **There are lots more games to play.**
  놀 수 있는 게임이 아직 아주 많아요.

하브 루타
What's your favorite game to play on Sports Day?
운동회에서 네가 제일 좋아하는 게임은 뭐니?

July

08

일상 계절

So hot!

정말 덥다!

Hot Dog _ Doug Salati ★

도시의 소음과 더위에 지친 강아지 이야기입니다. 칼데콧 상을 받은 작품답게 감각적이고 아름다운 일러스트가 눈길을 사로잡고, 부드럽게 흐르는 문장은 더운 여름날 강아지의 특별한 여정을 더욱 생생하게 느끼게 해 줍니다.

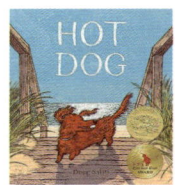

표현 연습
- ★ **So cold!** 정말 춥다!
- ★ **So funny!** 정말 웃겨!

영어 UP
- ★ **Happy for home, hungry for supper.**
  집에 가서 행복하고, 저녁을 먹고 싶어요.

하브루타
- **If you were the dog, where would you go to relax?**
  네가 강아지라면 어디로 가서 쉬고 싶어?

June 23

예절 배려

You can't eat them.

넌 그들을 먹을 수 없어.

We Don't Eat Our Neighbors _Daniel J. Mahoney ★★★

새로운 동네로 이사 온 악어 가족! 하지만 3초 만에 문제가 발생합니다. 악어 허버트는 새 이웃들이 너무 맛있어 보였던 거죠. 과연 허버트는 이웃들을 '간식'이 아닌 '친구'로 받아들일 수 있을까요? 사회적 규범과 배려를 유머 넘치는 이야기와 개성 넘치는 삽화로 만나 보세요.

표현 연습
★ **You can't eat rocks.** 너는 돌을 먹을 수 없어.
★ **You can't eat paper.** 너는 종이를 먹을 수 없어.

영어 UP
★ **Why not? They're so delicious with ketchup.**
왜 안 돼? 케첩을 찍어 먹으면 정말 맛있잖아.

하브루타
What do you think Herbert learned about making friends?
허버트는 친구를 사귀는 것에 대해 어떤 것을 배웠을까?

July

07

자연
모험

My ocean is big.

나의 바다는 거대해.

My Ocean Is Blue _Darren Lebeuf & Ashley Barron ⭐

한 소녀가 엄마와 함께 바닷가 모래언덕을 넘어요.
소녀는 반짝이면서도 둔탁하고, 부드러우면서도
거친 바다의 모습을 시적이고 운율 있게 표현합니다.
그녀의 세심한 관찰 속에 바다의 모든 순간이 담겨 있죠.
구체적이고 생생한 형용사들에서 섬세한 표현력을 배워 보세요.

표현 연습

★ **My ocean is shallow.** 나의 바다는 얕아요.
★ **My ocean is deep.** 나의 바다는 깊어요.

영어 UP

★ **My ocean splashes and crashes.**
    나의 바다는 첨벙거리고 부서져요.

하브루타

How would you describe the ocean?
너는 바다를 어떻게 설명할 것 같아?

June 24

나눔 감사

What a delicious stew!

와, 정말 맛있는 스튜야!

Thank You, Omu! _Oge Mora ★★

책의 주인공 오무 할머니가 맛있는 스튜를 만들고
마을 사람들과 나누는 이야기입니다. 스튜를 나눠 주는
할머니에게 무슨 일이 일어날지, 할머니의 나눔이
마을 사람들에게 어떤 변화를 가져다 줄지 함께 읽어 볼까요?
그리고 나눔과 감사하는 마음에 대해 생각해 보세요.

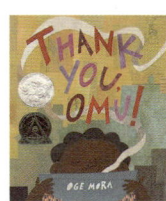

표현 연습

★ **What a funny movie!** 정말 웃긴 영화야!
★ **What a beautiful flower!** 정말 예쁜 꽃이구나!

영어 UP

★ **She had given it all away.**
그녀는 다 나눠 줬어요.

하브 루타

How do you think OMU felt after sharing the food?
오무는 음식을 나누고 나서 어떤 기분이 들었을까?

July 06

운율 모험

What a beautiful day!

정말 아름다운 날이야!

We're Going on a Bear Hunt _Michael Rosen & Helen Oxenbury ★

리듬감 넘치는 문장과 신나는 모험!
가족과 함께 떠나는 흥미진진한 야외 탐험을 담고 있어요.
리드미컬한 문장과 반복되는 표현이 마치 독자가
직접 모험하는 듯한 생생함을 선사하죠. 과연 가족은 동굴에서
무엇을 발견하게 될까요? 30년 넘게 사랑받는 클래식 그림책입니다.

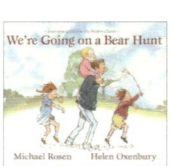

 표현 연습
★ **What a great idea!** 정말 좋은 생각이야!
★ **What a fun game!** 정말 재미있는 게임이야!

영어 UP
★ **We're going to catch a big one.**
우리는 큰 것을 잡을 거예요.

 **하브 루타**
What would you do if you found a bear?
곰을 만난다면 어떻게 하겠니?

June
25

다양성 포용

Two of a kind.
비슷한 두 사람.

Country Kid, City Kid _ Julie Cummins & Ted Rand ★★★

시골 소년 벤과 도시 소녀 조디는 아침에 눈을 뜨고, 학교를 가는 등 비슷한 일상을 서로 다른 환경 속에서 경험하지요. 어느 여름, 캠프에 참가하며 만나게 된 두 친구는 우정을 나누게 됩니다.
다른 듯 비슷한 두 친구의 우정을 만나 보세요.

표현 연습
★ **One of a kind.** 유일무이함.
★ **Two of a kind friends.** 비슷한 두 친구.

영어 UP
★ **Ben is eager to go to camp.**
벤은 캠프에 갈 고대해요.

하브루타
How are the two kids different?
두 아이는 어떻게 다르니?

July
05

We're going on a hike.

우리는 하이킹하러 가는 중이야.

모험
자연

The Hike _ Alison Farrell ★★

자연 속에서 펼쳐지는 어린 탐험가들의 신나는 모험!
세 명의 소녀가 숲을 탐험하며 지도를 보고,
동물의 흔적을 찾고, 자연을 기록하는 과정이 생동감 있게
그려져 있어요. 자연을 사랑하고 탐구하는 즐거움을
느낄 수 있는 그림책 속으로 함께 떠나 볼까요?

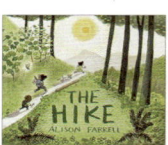

표현 연습
★ **We're going on a trip.** 우리 여행 가요.
★ **We're going on a picnic.** 우리 소풍 가요.

영어 UP
★ **It's our favorite thing to do.**
그건 우리가 제일 좋아하는 거예요.

하브 루타
What is one thing you would bring on a hike, and why?
하이킹 갈 때 한 가지 물건만 가져갈 수 있다면, 무엇을 선택할 거야? 왜?

June 26

이웃 배려

Mr Wintergarten opened his curtains.

윈터가튼 씨는 커튼을 열었어.

Rose Meets Mr Wintergarten _Bob Graham ★★★

동네 아이들은 윈터가튼 씨가 무서운 할아버지라고 믿고 있어요. 그런데 로즈의 공이 그의 마당으로 넘어가고 말았죠. 꽃과 케이크를 들고 용기를 내어 찾아간 로즈! 과연 회색빛 가득했던 이웃집에는 어떤 변화가 찾아올까요?

표현 연습

★ **Mr Wintergarten opened his door.**
윈터가튼 씨가 문을 열었어요.

영어 UP

★ **I'm Rose Summers from next door.**
저는 옆집에 사는 로즈 써머예요.

하브루타

What changes did Rose bring to Mr. Wintergarten?
로즈는 윈터가튼 씨를 어떻게 변화시켰니?

July 04

기념일 축제

We've been waiting all day.

우리는 하루 종일 기다렸어.

On the Fourth of July _ Maggie C. Rudd & Elisa Chavarri ★

7월 4일은 미국이 영국의 지배로부터 벗어나
새롭게 태어난 독립기념일입니다.
이날을 기념하여 미국 전역에서는 불꽃놀이를 하지요.
미국의 독립기념일을 축하하는 불꽃놀이를
함께 구경해 볼까요?

 표현 연습

★ **I've been sleeping all day.**
나는 하루 종일 잠을 잤어요.

 영어 UP

★ **We'll take our time leaving.**
우리는 여유 있게 떠날 거예요.

 하브 루타

What sound do you hear when there are fireworks?
불꽃놀이 할 때 어떤 소리가 들리니?

June
27

감사 공동체

I'm glad we came.

우리가 와서 기뻐.

Last Stop on Market Street _ Matt de la Peña & Christian Robinson ★★★

평범한 일상 속에서도 감사와 아름다움을 발견하는 방법을 가르쳐 주는 이야기입니다.
주인공 CJ는 할머니와 함께 버스를 타고 가는 동안, 새로운 시선으로 세상을 바라보게 되지요.
과연 CJ는 마지막 정류장에서 무엇을 깨닫게 될까요?

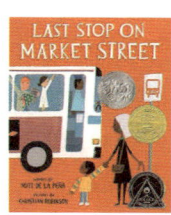

표현 연습
- ★ **I'm glad we met.** 우리가 만나서 기뻐요.
- ★ **I'm glad we talked.** 우리가 이야기해서 기뻐요.

영어 UP
- ★ **Nana, how come we don't got a car?**
  할머니, 왜 우리에겐 차가 없는 건가요?

하브루타
Can you tell me about the people you saw on the street?
네가 길에서 만난 사람들을 설명해 줄 수 있니?

July
03

기념일 축제

There's room for us all.

우리 모두를 위한 공간이 있어.

The Night Before the Fourth of July _ Natasha Wing & Amy Wummer ★★

7월 4일 전날 밤, 미국 전역에서는 핫도그와 불꽃놀이를 준비하는 사람들로 분주합니다. 한 가족은 빨강, 하양, 파랑으로 한껏 꾸미고 퍼레이드를 보고, 뒷마당에서는 친구들과 바비큐 파티를 열고, 밤에는 화려한 불꽃놀이를 감상합니다. 7월 4일은 무슨 날일까요?

표현 연습
★ **There's room for everyone.**
우리 모두를 위한 공간이 있어요.

영어 UP
★ **We hung up the flag.** 깃발을 달았어요.
★ **We tied up the string.** 끈을 묶었어요.

하브루타
What do you usually do when your whole family gets together? 온 가족이 다 함께 모일 땐 무엇을 하니?

June
28

세계 모험

Follow the line.

선을 따라가렴.

Follow the Line Around the World_Laura Ljungkvist ★★

손으로 선을 따라가며 세계 여행을 떠나 볼까요? 첫 장부터 마지막 장까지 이어지는 선을 손가락으로 따라갈 수 있는 특별한 구성입니다. 재미있는 인터랙티브 책 속 선을 따라가다 보면 다양한 나라에 도착하게 됩니다. 그곳에서 다양한 동물들을 만나며 흥미로운 이야기가 펼쳐져요.

 표현 연습

★ **Follow the path in the park.**
공원에서 길을 따라가세요.

 영어 UP

★ **Take a trip.**
여행을 떠나요.

하브 루타

What was your favorite place the line took us to? Why?
선이 데려간 곳 중 어디가 가장 좋았니? 이유는?

July
02

모험
일상

This is fun!

이거 재미있어!

Peppa Pig : Peppa's Cruise Vacation_EOne(Illustrator) ★★

페파 피그와 함께하는 신나는 크루즈 가족 여행!
크루즈 여행이 뭘까요? 크루즈에서는 어떤 재미있는
일들이 펼쳐질까요? 크루즈 여행이 궁금하다면,
이 책을 읽어 보세요! 사랑스러운 캐릭터 페파와 조지의
여행 경험을 함께하며 신나는 모험을 떠나 봅니다.

표현
연습

★ **This is amazing!** 이거 정말 놀라워!
★ **This is delicious!** 이거 정말 맛있어!

영어
UP

★ **A friendly whale says "Night, night!" to everyone.** 다정한 고래가 모두에게 "잘 자!"라고 인사해요.

하브
루타

What do you imagine on a cruise vacation?
크루즈 여행 하면 생각나는 것이 무엇이 있니?

June 29

유머 / 상상력

They're so boring.
그들은 정말 지루해.

The Neighbors _ Einat Tsarfati ★★

아파트 7층에 사는 소녀는 계단을 오르며
어떤 이웃이 살고 있을지 다채로운 상상을 합니다.
자물쇠가 여러 개 달린 집에는 혹시 보물을 숨긴
도둑 가족이? 평범하다고 생각한 자신의 집은 어떨까요?
부모님의 비밀은 그녀의 상상을 뛰어넘는 놀라운 것이었어요!

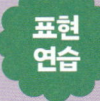 **표현 연습**

★ **They're so fun.** 그들은 정말 재밌어요.
★ **They're so scary.** 그들은 정말 무서워요.

영어 UP

★ **That is the vampire's apartment.**
그곳은 뱀파이어의 아파트예요.

 **하브루타**

Do you agree with the girl that her parents are boring?
여자아이의 부모님이 재미없는 사람들이라는 것에 동의하니?

July 01

유머
운율

See you later, Alligator.

나중에 봐, 악어야!

See You Later, Alligator_Sally Hopgood & Emma Levey ★★

"See you later, Alligator"는 오랜 말놀이예요.
헤어질 때 이렇게 말하면
"After a while, Crocodile"이라고 답하지요.
여행을 떠나는 거북이가 동물 친구들과 인사하며
주고받는 엉뚱한 이야기와 유쾌한 운율을 살펴보아요.

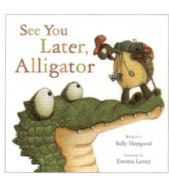

표현연습
★ **After a while, Crocodile.** 조금 이따가 봐, 악어야!
★ **In a while, Crocodile!** 조금 이따가 봐, 악어야!

영어 UP
★ **I will call you soon, Mr. Raccoon.**
나는 곧 당신에게 전화할게요, 너구리 씨.

What do you think is the funniest goodbye in the book?
책에서 가장 재미있는 작별 인사는 뭐야?

June 30

다양성
포용

There were three colors.

세 가지 색깔이 있었어.

Mixed : A Colorful Story_Arree Chung ★★

처음에 세 가지 색이 있었어요. 빨강, 노랑, 그리고 파랑!
각자 특별한 매력을 지닌 색들이 조화롭게 살아가고
있었지요. 그런데 어느 날, 빨강이 말했어요.
"빨강이 최고야!" 그 말은 색깔 대소동의 시작이었답니다.
과연 그들의 마음을 바꿀 수 있는 것은 무엇일까요?

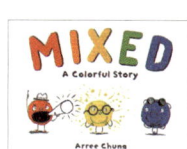

표현
연습

★ **There were five cats.**
고양이 다섯 마리가 있었어요.

영어
UP

★ **Don't forget your glasses.**
안경을 잃어버리지 마세요.

하브
루타

How can you be friends with people who are different from you? 너와 다른 친구들과는 어떻게 하면 친구가 될 수 있을까?

7월
July

여름·모험
Summer·Adventure

신나는 여름,
산으로, 바다로 여행을 떠나요!

미국 독립기념일의 불꽃놀이를 시작으로,
캠핑 갈 땐 어떤 준비가 필요한지,
사람들은 어떤 소리를 내며 걷는지,
비행기에서 물건을 잃어버리면 어떻게 할지,
바닷가 소라는 어떤 이야기를 들려줄지…
풍성한 이야기를 함께 들어 보아요.

무엇보다 한여름에 먹는 수박 한 조각은
빠질 수 없죠!
수박씨는 삼키지 않도록 조심해야 해요!
그렇지 않으면 배 속에서 수박이 자랄 수도 있으니까요.